教师必备金点子系列
JIAOSHIBIBEIJINDIANZIXILIE

教师常用的
30种
现代教育技术

JIAOSHICHANGYONGDE30ZHONG
XIANDAIJIAOYUJISHU

王　祁　李锦全　王福利◎编著

吉林文史出版社

图书在版编目（CIP）数据

教师常用的 30 种现代教育技术／王祁，李锦全，
王福利编著.——长春：吉林文史出版社，2012. 10（2021.6重印）
（教学必备金点子系列）
ISBN 978－7－5472－1242－4

Ⅰ. ①教… Ⅱ. ①王… ②李… ③王… Ⅲ. ①教育
技术学 Ⅳ. ①G40－057

中国版本图书馆 CIP 数据核字（2012）第 254949 号

教师必备金点子系列

教师常用的 30 种现代教育技术

JIAOSHICHANGYONGDE30ZHONGXIANDAIJIAOYUJISHU

编著／王祁　李锦全　王福利
责任编辑／高冰若
封面设计／小徐书装
出版发行／吉林文史出版社
地址／长春市福祉大路5788号
邮编／130118
网址／www. jlws. com. cn
印刷／三河市燕春印务有限公司
开本／710mm×1000mm　1/16
印张／14.5　字数／150 千字
版次／2012 年 10 月第 1 版　2021 年 6 月第 3 次印刷
书号／ISBN 978－7－5472－1242－4
定价／39. 80 元

前　　言

　　21世纪,科学知识更新速度不断加快,人类已经进入了"知识爆炸"的时代,科学技术的进步给社会和教育带来了巨大冲击,现代教育技术的成熟与广泛应用,也为教育适应社会发展的需要提供了必要的支持。然而,正像科学技术的进步给社会和教育带来的冲击一样,现代教育技术在教育教学领域的广泛应用,也对传统的教师职业及其教师本身的素质构成提出了严峻挑战。

　　随着多媒体计算机在教育教学过程中的应用越来越普遍,校园网络的建设和利用网上资源进行教育教学已提到议事日程,但网络仅仅是信息化的形式,丰富的信息资源和方便的获取方式才是信息化的内容与实质,因此,教师应尽快熟悉和适应信息时代的教学新环境,不断提高信息化程度、水平,更新自己的知识结构,才能适应社会和教育的发展,才可以自我发展和成熟,如何有效地将黑板、粉笔、书本、教师讲解变革到电子信息系统所提供的现代化信息技术及其结合当中,信息技术的飞速发展,电脑走进了学校,网络教学成为了一个新鲜而又陌生的名词,也导致了课堂教学模式的深刻变革,引起了教师角色的转换。教师必须掌握教育技术的理论、手段、方法和技巧,充分认识到学习现代教育技术的重要意义,必须掌握现代教育技术,以完成信息时代赋予教师的使命。

　　现代教育技术是运用现代教育思想、理论和现代信息技术,以最合理的方式表现出来,达到教学理论实现优化的目的。现代教育技术可以综合调动各种手段,使教学更生动、活泼直观,达到较好的教学效果。教育、教学过程实质上是信息的产生、选择、存储、传输、转换和分配的过程,而信息技术正是指用于上述一系列过程的各种先进技术的应用,包括微电子技术、多媒体技术、计算机技术、计算机网络技术和远距离通讯技术等方面。把这些技术引入到教育、教学过程中,可以大大提高信息处理的能力，即大大提高教与学的效率。如电视教学可综合多种艺术，利用音乐、文学、戏剧、美术等，构成形象、生动、直观的画面和声音，把讲授、演示、图表、教具、表演、参观、实习等结合起来，组成可供选择的最佳教学方式，将知识性、报道性、娱乐性融为一体。

《教师常用的30种现代教育技术》对现代教育技术的基本理论、基本技术、基本方法做了全新的、系统的阐述，并重视反映近十年来国内外现代教育技术研究的新成果、新技术以及现代教育技术成功的经验。本书共分为七篇，第一篇介绍七种现代多媒体电教设备的使用；第二篇和第三篇介绍音频、视频设备以及办公自动化设备的使用；第四篇介绍如何利用网络资源；第五篇讲解文字、表格、图片、网页、幻灯片如何制作；第六篇讲解音频、视频、动画的制作技术；第七篇介绍现代教育技术环境。《教师常用的30种现代教育技术》是师范学校现代教育技术公共课教材以及中小学教师继续教育培训教材，亦可作社会青年培训教材，也可供广大教师阅读参考。

以上所述仅仅是我们在编写过程中的追求。对本书存在的问题和疏漏，我们诚恳的希望得到广大教师的意见、建议和批评，以利于我们今后改进。

教师常用的 30 种 现代教育技术

目 录

目 录

第一篇　现代多媒体电教设备

第一种　交互式电子白板

交互式电子白板简介

交互式电子白板将硬件电子感应白板连接到计算机,并利用投影机将计算机上的内容投影到电子白板屏幕上,在专门的应用程序的支持下,可以构造一个大屏幕、交互式的协作会议或教学环境。利用特定的定位笔代替鼠标在白板上进行操作,可以运行任何应用程序,可以完成键盘及鼠标在计算机上的任何操作。

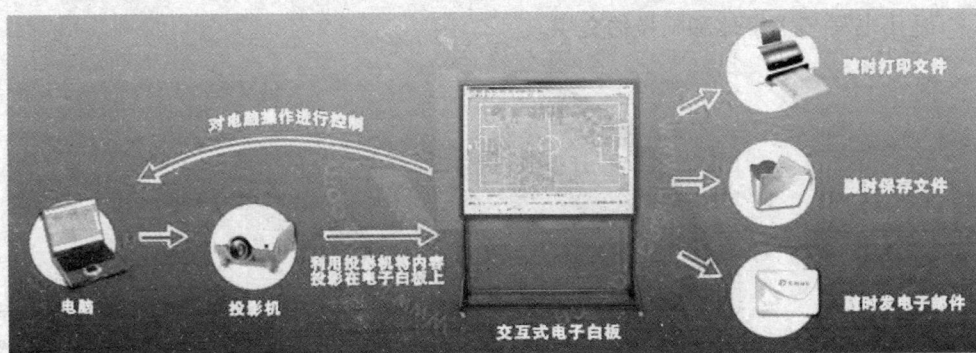

IP Board交互式电子白板的功能

(一) 交互模式——操控电脑

电子笔完全代替鼠标,简单方便、易于操作;可随时调用任意电脑文件,如Word、PowerPoint、图片等资料。

(二) 标注模式

1.普通笔
具有书写整齐平滑特点,更加适合字母、数字书写。

2.毛笔

根据中国书法特点开发的毛笔书写效果,更加适合汉字书写。

3.荧光笔

对重要区域透明标注。

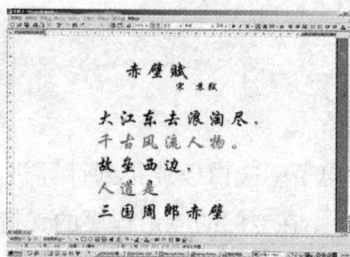

4.排笔

适用书写艺术字体和阿拉伯文字。

5.调节电子笔的粗细

可调节笔的粗细,书写不同大小的文字和不同粗细的线条。

6.调节电子笔的颜色

利用白板调色板可任意选择和调配电子笔的颜色。

7.局部放大

可选中任何区域进行放大,对重点看得更清楚,有助于改善相互交流的效果。

8.擦除与恢复

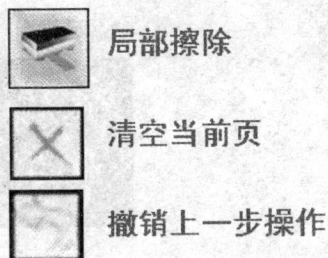

局部擦除

清空当前页

撤销上一步操作

9.屏幕幕布

对屏幕上的内容进行遮蔽,留出有针对性的信息供演示。

10.照相机

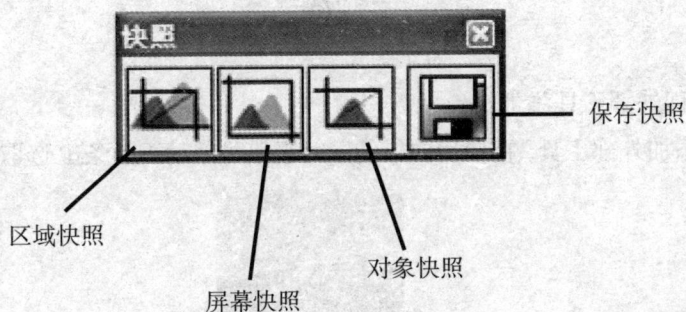

保存快照

区域快照

屏幕快照

对象快照

11.探照灯突出重点

对需要突出的内容做重点显示,同时屏蔽其他内容。

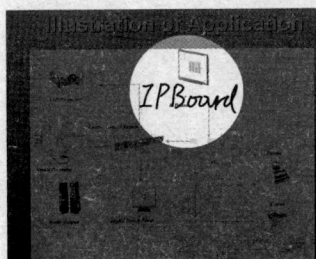

第一种　交互式电子白板

12.白板、黑板

提供多种书写界面供演讲者选择。

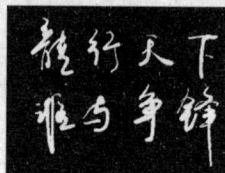

13.内嵌图库——图片、模板

可轻松调用内部图库的图片、模板，并且可以根据使用的需要继续添加。

14.回放

为了适应教学和演讲的需要，IP Board提供独特的回放功能。

15.多种外部工具添加

轻松添加外部工具，在使用白板的同时轻松可浮动工具条上选取常用的工具。

16.绘图模式

利用画图功能，可直接在白板上画出各种规范的圆、直线、三角形、矩形等，有效提高了画图的速度及效果；

配合巨龙画王使用，更能快速绘制物理、化学、几何、地理等各科目的复杂图形。

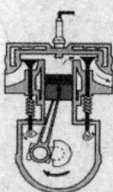

6

19.板书保存及编辑

所有板书过程都可随时保存及后台编辑管理,可以存为JPG、BMP、HTML 等图片或网页格式。

20.页面浏览与编辑

可以浏览并编辑所有自动保存的页面、图片、模板,实现教学全过程的保存、再次编辑、调用等。

交互式电子白板的应用 ／

(一) 应用范围

IP Board交互式电子白板适用于现代化的教学、培训、会议和演示。

应用领域:普通教学、多媒体教室、演示会、会议室培训、产品/新闻发布、远程电子教学、商务会谈、异地(工程)指挥技术/工程研讨、气象预报等领域。

(二) 交互式电子白板教学应用的十大优势

技术集成:计算机技术、网络技术、电磁感应技术、多媒体技术。

资源整合:实现丰富多彩的教育资源的灵活整合。(课件、音视频材料、白板资源库、网络资源)

交互平台:提供了教师与学生、学生与学生、师生与资源、本班师生与外界师生及专家的交互平台。

协作环境:交互式电子白板支持构建一个课堂教与学的协作环境,利于教师导学助学,利于学生发挥学习主体作用,学生表现更多地参与协作、活力和凝聚力。

亲近师生:交互式电子白板外观接近黑板和触摸屏,易学易用;便于展示教学材料的动态和细节,并可回放,提高学生兴趣,激励学生参与和交互。

传统创新:传统黑板加粉笔言传身教的传统课堂和现代信息技术的完美整合。

常态应用:适用于各类学科课程的日常课堂教学,逐渐成为大多数教师常态课堂教学的第一选择。

多种模式:既可适应教师中心、以教为主的讲授型教学模式,也可适应学生中心、以学为主的协作教学、自主学习、探究性学习。

教学设计：为教师培训、教研活动提供了强有力的平台、环境和工具。

（三）交互式电子白板在教学中带来的变化

直观显性操作：几何画板，信息技术课（显现隐性操作过程）；

易重难点化解：突出要点，推理论证（划批、标注、局部放大、回放）；

演示再现规范：汉字书写，图表制作（硬笔、软笔、色笔、莹光笔、汉字识别、绘制图形）；

图像变化灵活：视频调用，平面、立体（复制、放大、缩小、翻转、平移、拖拽）；

资源利用简便：同屏多层，组合套用（多媒体）；

动态存储回放：展示思维过程，文字教学，计算过程；

师生互动增强：亲和性、参与性、探究性提高；

网络视频交流：实时在线、远程互动。

第二种　电子书写屏

电子书写屏简介 ╱

交互式书写设备近年来广泛应用于各种教学、会议等场合中,它的最大特点在于提供给人们一种最直观、最自然、最方便的交互手段,使人们可利用它直接操作计算机,直接在屏幕上对显示文稿(Word、PowerPoint、Excel)、图片、图纸、计算机桌面等信息进行书写及操作。

目前交互式书写类设备有光电、电磁、电阻、超声、红外、CCD等多种定位技术,硬件操作平台有普通CRT显示器、液晶显示器、等离子显示器及配合投影机使用的白板等,书写区域从15"至100"左右。不同尺寸的书写设备可根据需要使用在不同场合。以普通液晶及等离子显示器为例,传统的液晶或等离子显示器只是完成显示计算机或其他(如视频、TV)信号,操作者要通过键盘及鼠标来操控计算机,操作者的目视点与手的操作不在同点。而交互式液晶书写屏或交互式等离子书写屏给人们带来了一种全新的应用模式,操作者利用专用电子笔直接在显示屏幕上进行自己所需要的操作控制,利用专用书写软件还可在屏幕上进行批注书写操作,操作者的目视点与在屏幕上的操作点完全保持一致,与人们在纸张上书写一样。交互式书写设备的出现,使传统的只有单一显示功能的显示器提升为智能的人机交互设备,极大地方便了人们的操作过程。

电子屏的组成 /

电子书写屏主要由一块平面电子屏、计算机及附属软件组成，取代了投影和电子白板，受阳光影响小，集成度高，是交互式教学的发展方向。

电子屏的基本功能 /

交互式电子屏主要是为使用者提供方便的实时交互功能，人机交互与远程交互更加完美地发挥了它的独有特点，这些都是传统配置计算机所无法实现的。

应用软件所具有的功能与配置的交互式书写硬件平台的种类无关，在液晶屏、等离子屏及白板上都能具有相同的应用功能。

鸿合盛视Hite Board软件提供用户实现交互式书写操作，方便、灵活、可靠，可直接在屏幕上进行计算机控制及书写、批注等操作。多台计算机共享白板、数据文档、图片及桌面信息，实时批注、书写、放大、缩小、漫游移动，书写信息及时可见。利用网络技术保证远程共享数据、共享白板；多点实时批注、注释、书写功能；共享数据文档支持Word、Excel、PowerPoint、PDF等文件，图片类型支持BMP、JPG、GIF、PNG、WMF等。人性化设计，工具栏项目可根据需要自由设定，应用过程的书写页自动预存，系统保存支持多种格式：自定义格式、图片格式、PPT格式、PDF格式及HTML格式等。

白板功能

进入白板操作模式，可自由书写，可选择不同颜色、书写笔效果；白板页的书写内容自动预存在内存中，可通过缩略图选择指定需要显示的白板页。书写的笔迹可以在选择状态下进行编辑处理：移动、改变大小、改变颜色、复制及删除等。

文档批注

在HiteBoard里可以打开Word、PowerPoint、Excel文件，根据文件页数Hite Board会自动生成对应的书写笔记页。可以进行放大、缩小、移动、书写及批注操作。

图片批注

在Hite Board白板页支持打开图片文件，有两种方式：

◇从图片库打开图片：通过对话窗口，选择要打开的图片文件，然后在白板页上用书写笔指定显示图片的位置及大小，即可在白板页内显示该图片。利用对象选择功能还可对白板页内的图片对象进行移动显示位置、改变图片大小、图片复制、图片旋转等操作，橡皮的擦除功能对图片对象有效，即橡皮经过图片时将在白板页内删除该图片对象。

◇以白板页背景图的方式打开图片: 通过菜单栏选择白板页的背景图项, 从对话窗口选择图片文件后Hite Board将根据图片的长、宽最大限度地将图片显示在白板页内, 橡皮操作对背景图无效。

文件保存

Hite Board支持多种保存格式。白板书写笔记页可以保存为Hite Board自有的格式WBS, 它的特点是再次打开时可以对原书写笔记进行编辑操作。Hite Board还可将书写笔记页保存为PowerPoint格式、图片格式 (BMP、JPG、PNG、TIF等)、PDF格式及HTML格式, 这种保存方式可以在没有安装Hite Board软件的计算机上浏览、查看笔记页内容, 只是不能编辑和修改。

书写笔种类

Hite Board提供了硬笔、软笔、荧光笔及智能笔几种书写效果: 硬笔的书写效果为无论笔画如何, 笔迹均保持同一种粗细, 即笔宽不变; 软笔为根据笔画方向自动改变笔迹粗细, 可以模仿软笔的书写效果, 使得书写的笔迹更加美观; 荧光笔即达到荧光MARK笔的效果, 尤其在文件批注时使用最理想; 智能笔可提供基本图形的效果, 可以直接画出直线、尖头线、矩形、菱形、圆和椭圆等, 并可进行旋转、改变大小等操作。对于封闭的笔画区域 (包括智能笔的矩形、菱形、圆和椭圆) 能够支持填充操作。笔迹宽度可自行定义, 系统默认了六种宽度, 用户可重新设定实际宽度。

放大/缩小、移动漫游功能

Hite Board在任何时候都可对画面进行放大/缩小和移动漫游操作, 无论当前页面显示的是什么内容, 放大和缩小操作时, 先在工具栏中选中放大或缩小按钮, 然后利用书写笔在页面上做点击动作, Hite Board会对页面内容进行放大或缩小, 并将点击的坐标作为放大或缩小后的显示中心坐标。还有一种放大方式: 无论放大还是缩小操作状态, 用书写笔在页面上拉出矩形后, Hite Board会自动计算出长宽比并将矩形内的画面最大限度地进行放大显示 (满屏显示)。

新建书写页面及变换显示页面

在Hite Board运行过程中, 通过点击新建白板页按钮可以进行新建白板页、新建黑板页、新建蓝板页及新建屏幕批注页。白、黑、蓝色页的新建是在当前页面的后面增加一新页；工具栏中的换页按钮旁会自动增加页面号码。用户可以通过前、后翻页按钮来改变页面显示内容。当书写笔移动到屏幕的最左侧时，Hite Board会屏幕左侧自动弹出页面缩略图，在缩略图内可以通过利用书写笔点击某页直接显示该页内容。

新建屏幕批注页

Hite Board工具栏有一书写/PC操作转换按钮，当在白板操作时按下该按钮时，将转换到PC操作状态，这时可利用书写笔在屏幕上进行一般的计算机操作。在PC操作状态下，按下新建屏幕批注页后，Hite Board会将当前的屏幕显示信息自动显示在书写页面内，用户在此时可以对转换到书写页面的计算机屏幕信息进行批注、书写操作。

网络远程会议文件准备

Hite Board为了能够顺利实现网络远程交互功能，在会前可以利用Hite Board自身提供的功能生成会议文件，该文件格式是Hite Board自定义格式，并在指定路径下保存。会前将这个会议文件利用其他方式传到会议参与各方并保存相应路径下，在远程会议中，当发起人进行打开会议准备文件操作时，各参与方自动进行打开本地的会议准备文件。在建立会议准备文件时，可以将会议中需要用到的各种文档、图片同意保存在会议准备文件中，以便远程多方会议中使用，避免了在会议中等待文件传递所需的时间，这种方式极大地提高了远程会议的效率。

撤销与恢复功能

Hite Board具有撤销操作与恢复操作功能。在书写模式下，可以对上一次动作进行撤销或恢复操作。Hite Board没有对撤销与恢复的操作次数进行限制，撤销操作可以追溯到进入Hite Board的初始状态。

与AUTO CAD的完美结合(2002版)

为了方便远程应用模式对AUTO CAD设计图纸的讨论、会审，Hite Board在AUTO CAD界面上嵌入了快捷转换按钮，用户在进行AUTO CAD操作时可一键转换到Hite Board书写模式，并将AUTO CAD的操作界面转为Hite Board的书写页面内容，随即可对AUTO CAD的操作界面进行批注、放大、移动漫游等操作，当批注书写操作完成后利用Hite Board的PC操作转换按钮又可返回到AUTO CAD的操作，非常容易实现在AUTO CAD与Hite Board之间的转换。这种操作方式对远程会议、审图来说是非常实用的。

第三种　多媒体中央控制器

多媒体中央控制器的简介　／

（一）外观

图一

（二）接口描述

1.前面图

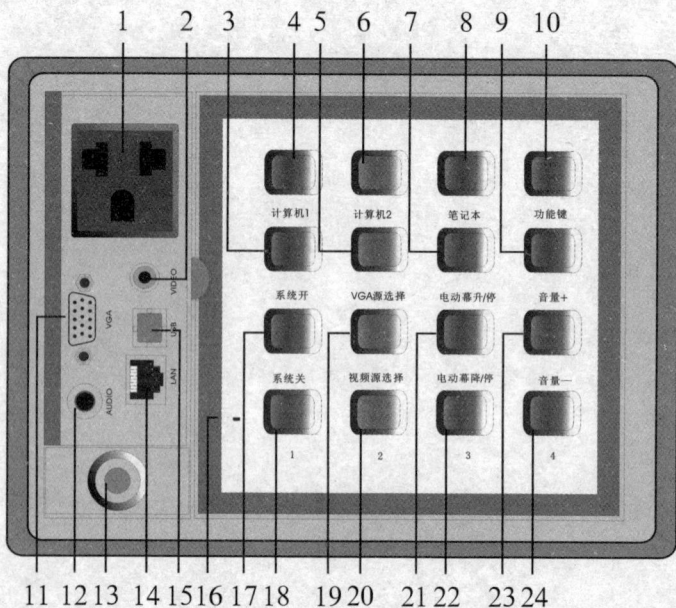

图二

1.交流220V电源输出插座;

2.视频输入接口;

9.23.为音量调节功能键;

7.21.为电动幕升/停、降/停控制键;

3.17.为投影机多媒体系统的开关功能键;带有一键开关机功能,详见3.4;

5.为投影机VGA源切换键;

19.为投影机视频源功能键;

18.20、22、24.为视频切换功能键;(有用户自定义键遥控学习功能)

4.6、8.为计算机切换功能键;

10.为功能键;

11.笔记本输入接口;

14.网络接口;

12.音频输入接口;

13.键盘锁;

15.为USB接口(预留);

16.为红外学码窗口。

注:其中USB接口、网络接口(LAN)是为方便用户使用提供的直接转接口。

2.后面板

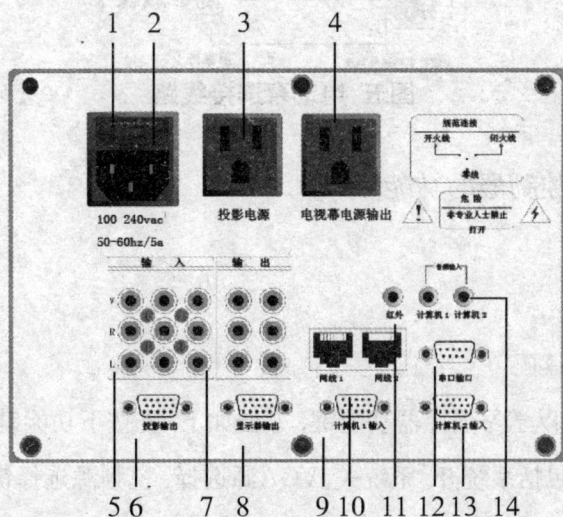

图三

1.保险丝;

2.本产品的电源插座(输入);

3.投影机的电源插座(输出);

4.电动幕的电源输出插座；

5.3×3音视频输入，RCA插座；

6.投影机VGA输出，DB15阴性插座；

7.3×2音视频输出，RCA插座；

8.显示器VGA输出，DB15阴性插座；

9.计算机1VGA输入，DB15阴性插座；

10.2路直通的RJ45网络插座；

11.红外控制棒接口，3.5mm音频立体声插座；

12.串口，DB9 阴性插座；

13.计算机2VGA输入，DB15阴性插座；

14.计算机音频输入，3.5mm音频立体声插座。

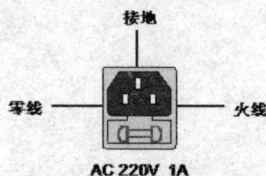

图四 电源插座示意图

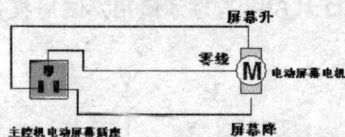

图五 电动幕连接线路

多媒体中央控制器的功能 ／

特殊功能

1.红外控制码读码

(1) 该产品可以学习遥控器功能键,方法如下:先按下功能键不放、再按下需要学习的按键 (主要包括系统开、系统关、VGA源选择、视频源选择键),此时功能键的灯会闪烁,表示控制器准备接收红外码,将遥控器对准控制面板上的红外码学习孔(距离3~7cm远最佳),按下遥控器上需要学习的键 (10秒内开始学习有效),蜂鸣器叫表示学习成功,否则需再次学习(注:当超过10秒后还没有学习红外码,则中控叫两声表示无效退出)。

(2) 系统开机：通电状态下，选按下功能键不放、再按下系统开键，此时，功能键指示灯亮会闪烁，表示中控处于红外学习状态，等待用户输入红外信号；将遥控器对准中控上的红外线接收小孔，根据正常操作投影机的动作，按下遥控器上的开关键（请注意：红外接收等待输入的时间为10秒，超过这个时间将认为红外学习失败），此时控制器会发出"嘀"的长叫声，表示学习成功；成功学习后，按键系统开将实现和遥控器上的开关键一样的功能，你只需要通过中控就可以实现对投影机的红外控制。如果发现红外学习不成功的情况，请按上面的步骤重新操作即可。遥控码学习可多次进行，以最后一次为准，以前已学习的控制码将被覆盖。

(3) 注意事项：

首先确认遥控器是否有效。可以先操作一下投影机确认。

确认功能键指示灯亮的情况下，再用遥控器对中控进行红外学习。

遥控器请(正)对准中控面板上的红外接收小孔(距离3~7cm远最佳)，可以提高您学习的成功率。

按住按键所需要的时间，以能用遥控器正常操作投影机的时间为准，即遥控器遥控投影机需要按下多久，学习的时候也必须达到这个时间。

对于个别投影机遥控器需要按多次或者多个键才能完成一个功能的情况，那么红外学习时也必须按照相同的操作步骤进行学习，而且两次按下时间间隔必须保持正在功能灯灭之内按下。

2.投影机控制方式选择

投影机控制方式选择：主要包括系统开、系统关、VGA源选择、视频源选择键，这4个键分别由学习或下载的串口码决定。(不需要其他的操作)

30 种 教师常用的 现代教育技术

问题		原因	解决方法
电源指示灯不亮		1.电源开关未开	打开电源开关
		2.电源插头未插好	插好电源插头(两头)
		3.电源线断线	换电源线
		4.插座未供电	给插座供电
		5.保险丝断	换一个相同规格的保险丝
		6.中控内部损坏	返修
键盘无作用		1.未接通讯电缆	接好通讯电缆(两头)
		2.键盘锁未开	打开键盘锁
		3.单片机复位不正常	返修
		4.键盘内部损坏	返修键盘
不能控制银幕		1.控制线连接错误	参见相关章节
		2.控制线断	更换控制线
		3.未给银幕供电	给银幕供电
		4.银幕本身故障	更换银幕
		5.中控本身故障	返修
读码不成功	没听到"嘀"声或很多声"嘀"	1.操作错误	参见相关章节
		2.环境光线太强	请在比较暗的地方读码
		3.中控本身故障	返修
		4.偶然失误	多读一次
		5.电网干扰严重	电源加接交流滤波器
		6.红外输出口未插好	插好红外输出口
		7.使用错误的红外输出口	请使用正确的红外输出口
		8.红外发射管损坏	更换红外发射管

第四种　多媒体钢制讲台

推拉式多媒体钢制讲台的简介 ∕

推拉式多媒体钢制讲台,关闭时可当普通讲台使用,同时将整个多媒体教室的设备全部装入其中,既保证了安全性,而且整体美观,操作方便。

推拉式多媒体钢制讲台的安装方法 ∕

多媒体讲台一般都是一体成型的,在安装的时候只要按照开孔尺寸嵌入多媒体中控,然后放入主机机箱和显示器以及实物展台,连接好线路插头便可以正常使用。

推拉式多媒体钢制讲台的使用 ∕

使用时先将钥匙插入匙孔开锁,然后向两侧推开讲台面板,便可以使用设备。开启方式可分为电控开锁和人工开锁两大类。

关闭时要先关闭全部设备,向内推动两侧盖板,讲台锁则自行锁定。

19

由于多媒体教室分期分批建设的缘故,多媒体讲台的种类不尽相同,主要分为:单向平移式、双向平移式、前翻式、小讲台等,教师只要掌握基本使用方法即可。

(一) 单向平移式讲台的开启和关闭

(1)电控门锁由控制室通过网络开启,人工门锁用钥匙开启,如图拉开讲台门。

(2)如有插销,用右手按下插销中间的圆柱,使顶住铁框的销子弹开。

(3)把移门向右移到底。按功能面板上投影机"开"和计算机"开"(若有)按钮,稍等,设备可正常工作。

(4)课毕,若讲台有计算机"关"按钮,则需关闭计算机,然后将移门向左移闭到底,此时投影机会自动熄灭、部分讲台内的电脑会自动关机。

(5)如有插销,左手向左按住移门,右手按图推入顶杆销,使插销锁住移门。

(6)移门向左移闭到底后不要松手,然后再用另一只手在前门锁的位置用力推上,将门关好。人工门锁,需将门锁好。

（二）双向平移式讲台的开启和关闭

（1）按图先将两个移门紧合一下。

（2）接着将右边的移门向右移开到底。

（3）如有插销，如图按下插销中间的圆柱，使插入铁皮圆空的插销向上弹开。

（4）然后将左边移门向左移到底。

（5）如图按下计算机"开"按钮。

（6）再按功能面板上投影机"开"按钮。(稍等，投影机亮)

（7）话筒在小门内，打开开关就可使用。用后关闭开关，放回原处。单用话筒请关闭投影机。

（8）设备如有问题，请拨打讲台内电话，联系值班室人员。

（9）课毕，将两扇移门往中间紧合，此时投影机会自动熄灭、电脑自动关机。

第四种　多媒体钢制讲台

(三) 前翻式 (A) 讲台的开启和关闭

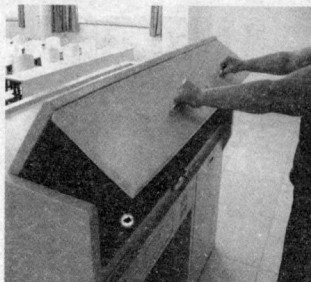

(1)电控门锁由控制室通过网络开启，人工门锁用钥匙开启，如图拉开讲台门。

（2）按图向前翻到底，然后向前推。话筒在键盘下小门内。

（3）向前推到底，按计算机、投影机"开"按钮。（稍等，设备可正常工作）

(4) 课毕，关好话筒，若讲台内有计算机"关"按钮，则需关闭计算机，不要关其他任何设备。双手握住拉手，向后拉到底。

（5）向后、向下翻到底，将拉门对准锁孔和槽边。此时投影机会自动熄灭、部分讲台内的电脑自动关机。

（6）按图向下45度用力按紧拉门。人工锁门，需将门锁好。

(四) 前翻式 (B) 讲台的开启和关闭

(1) 用钥匙打开讲台锁，向下翻开门。

（2）如图用手按下插销中间的圆柱，使插入圆空的插杆弹开。（两边位置）

（3）如图用双手向上，前翻到底。

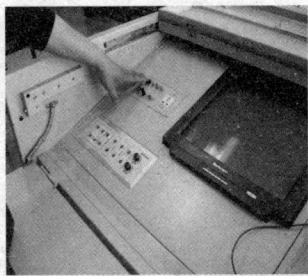

（4）如图用手按下插销中间的圆柱，使插入铁皮圆孔的插杆弹开，接着把移门向前推到底。

（5）按讲台内功能面板上的计算机和投影机开关按钮（稍等，投影机点亮、计算机进入开机菜单界面）。话筒在钥匙包内。

（6）课毕，把移门向后拉到底，把两边插销锁住。

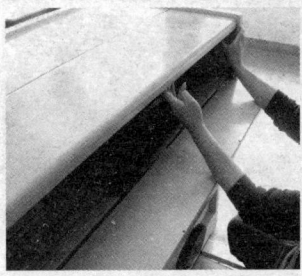

（7）用双手握住把手，向后向下翻到位。

（8）如图把两边位置的插销插入圆孔。

（9）如图把门关上、锁好。

（五）小讲台的开启和关闭

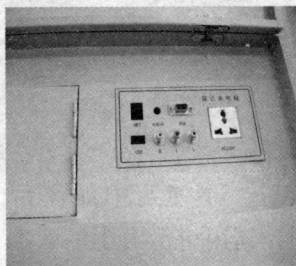

（1）用钥匙把门打开。

（2）先将VGA线和电源线自行接到笔记本电脑，然后正常启动笔记本电脑。

（3）按下控制面板上"系统开"，稍等，投影机点亮。

（4）课毕，按下"系统关"，投影机熄灭。

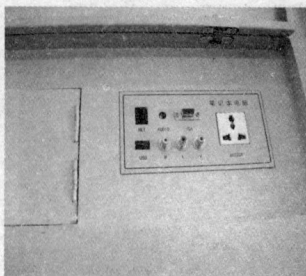

（5）先关闭笔记本电脑，然后拔下VGA线、并放回原处。

（6）用钥匙锁好门。

（六）多媒体讲台使用注意事项

（1）使用中不要随意按面板上的投影机开关键，以免灯泡炸裂。

（2）用后，请不要关闭中控主机电源开关，正常关闭讲台即可。

（3）课毕，请把话筒放回钥匙包内。

（4）请勿将粉笔、杂物等留在讲台内，保持讲台内环境整洁。使用结束必须把所有打开的门锁好、锁上。

（5）使用中如需帮助，请用讲台内小电话，即可与值班人员取得联系。

第五种　多媒体教学系统

在科学技术高速发展的今天,计算机已渗透到当今社会的每一个领域,怎样才能将计算机技术充分地应用在教育领域中,使其服务于教育,是摆在教育界、计算机界多年来的重大课题。多媒体网络教学充分运用当今最新的计算机网络技术和多媒体技术,将单调、乏味的课堂知识形象地体现在声音、图像、影视、动画中,通过计算机网络技术的运用,使得真正基于交流、讨论的这种全新的教学方法成为可能,极大地增强了学生的教学参与意识,进一步提高了学校的教学质量。

多媒体教学系统简介 ╱

多媒体网络教学是通过多媒体教学信息的收集、传输、处理和共享来实现教学的教学模式,其实质是通过多媒体教学信息的传输和共享来实现教学。所谓多媒体技术,简单地说,就是计算机实时综合地处理文字、声音、图像等各种媒体信息的系统技术。建立在网络基础上的多媒体系统,即多媒体网络系统,把多媒体技术与网络通信技术紧密结合起来,大大扩展了单机多媒体系统的功能。它不仅具有各种媒体信息处理和人机交互功能,更重要的是,实现了网上多媒体信息传递和多媒体信息资源共享,形成了一种最理想的多媒体网络教学环境,它代表了多媒体教学应用的最新发展和必然趋势。多媒体网络环境的特点有:有利于实现以学习者为中心的学习;使学生在有意义情景下依据某些问题进行创造性学习;促进学生主动、积极地学习;支持开放性学习;可以指导学生深入地进行自我卷入的独立研究。因此多媒体网络系统特别有助于学生的学习。从教学活动的组织管理来说,校园网提供了方便的网络信息分布、存储、管理和传递方式,有利于对教学信息资源进行最有效的组织与管理。

(一) 安全性、可靠性、兼容性、高性能为第一要素

在信息时代，网络的生命在于其安全性和可靠性。计算机网络最重要的方面是它向用户所提供的信息服务及其所拥有的信息资源，网络连接在给用户带来方便的同时，也给网络入侵者带来了方便。因此，未来的计算机网络应该具有很高的安全性和可靠性，可以抵御高智商的网络入侵者，使用户更加可靠、更加方便地拥有大量各式各样的个性化客户服务。

(二) 先进性

保证采用的设备和技术具有国内领先水平，并为国际流行趋势，系统技术指标高，五年内保持不落后，易于升级。

(三) 开放性

要求本项目的所有设备是成熟的，符合国际标准，系统的设计能支持多种不同的操作系统。

(四) 系统有良好的可扩充性，满足校园网建设的要求

无论"软"还是"硬"，无论是作为物理上的服务器还是服务器端的软件，Server都始终存在着可靠性、高可用性和可扩充性的要求。

(五) 网络结构的布线系统要便于维护

布线系统工程总体方案设计的主要内容有布线系统组成、总体网络结构、系统技术指标、设备选型配置和与其他系统工程的配合等。

(六) 有较好的互连性

互连性的关键在于相互联系的力量。为什么它如此关键是在于它完整地展现了现实世界中各种关系。

(七) 适应各种新型教学模式的推广，充分发挥学生学习的主体作用

充分发挥学生的主体作用，把教学过程变成在教师指导下让学生自学为主的学习过程。

(八) 系统设计结构化、多样化，满足不同学校的教学需求

从软件需求规格说明书出发，形成软件的具体设计方案(根据需求分析阶段确定

的功能确定模块及每个模块算法和编写具体的代码)。

(九) 实现一网多用,方便利用多种媒体进行教学

一个平台、一个网络,同时支持不同的行业应用、客户群应用,实现真正的虚拟运营管理。

多媒体教学系统的配置

(一) 硬件配置

1.计算机;

2.网络设备;

3.必备的辅助设备:如保护卡;

4.可选的外围设备:摄像机,视频信号采集和转换的视频卡,大屏幕液晶投影仪,应配备相应的音响设施等。

(二) 软件配置

1.操作系统软件;

2.多媒体网络教室控制软件;

3.多媒体CAI制作及处理软件;

4.各种学习工具软件:包括计算机语言类、图形处理及辅助设计软件、办公自动化系统软件、计算机网络应用软件;

5.各类CAI教学软件和其他应用软件。

多媒体网络教学系统的功能

多媒体网络教学系统有以下功能:

1.屏幕广播:实时传送教师或某个学生的电脑画面到某组或全体学生的电脑屏幕上,教师可以用这个功能进行多媒体课件的教学,演示word等软件的操作,还可以让某个学生进行示范;

2.远程遥控:让教师或某个学生对其他学生的电脑进行操作,如同操作自己的电脑一样,教师可以用这个功能对学生进行单独的交互式辅导教学;

3.屏幕监视:让教师或某个学生对某组或全体学生的电脑画面进行实时监视,教师可以不离开座位就了解学生的学习情况,实现对整个网络上学生机的监控与管

理;

　4.屏幕日志:定时把全体成员的电脑屏幕画面,以jpeg图片文件格式,保存到教师机指定的文件夹中,便于无人值守或事后查看学生电脑的使用情况;

　5.声音广播:可将教师或某个学生的语音实时传送给某组或全体学生;

　6.双向对讲:指定某两个学生或者教师与某个学生之间,进行语音交流;

　7.多人会话:指定多个学生(可包括教师)之间进行语音交流;

　8.声音监听:让教师或某个学生对某组或全体学生进行监听;

　9.网络复读:利用现有音频、视频文件作为教材,对学生进行网络复读,跟读训练;

　10.影音广播:让教师或某个学生对某组或全体学生进行影音文件广播;

　11.屏幕录像:录制上课内容,以便制作课件或教材;

　12.屏幕回放:录制的画面进行网络回放;

　13.网上聊天:指定多个学生可包括教师进行文字交流;

　14.电子画板:把电脑屏幕作为黑板,在上写写画面,一般与屏幕广播同时使用;

　15.执行命令:让学生的电脑同时运行某个程序;

　16.网上配置:可以限制学生对电脑的使用权限,包括只允许运行某些程序、隐藏硬盘、禁止使用注册表、禁止使用控制面板等等上百项权限设置;

　17.电脑信息:可以查看某个学生的电脑的系统、内存、驱动器、进程等信息,可以强制结束学生机上运行的某个进程;

　18.黑屏肃静:在学生的电脑上显示黑屏肃静画面。教师还可以自己定义肃静画面的内容以及是否显示文字,文字的大小、颜色、位置等,具体可参看系统设置、黑屏肃静设置;

　19.锁定电脑:禁止学生使用键盘、鼠标操作电脑,让学生专心听课;

　20.发布消息:教师随时向全体学生发送文字消息,学生可以向教师反馈消息;

　21.发布文件:教师发送文件到学生的电脑中;

　22.收取文件:可以把学生电脑中的文件传输到教师的电脑中;

　23.提交文件:学生可以把文件发送到教师的电脑中;

　24.关机重启:可以把某组学生或全体学生的电脑关闭或重新启动;

　25.远程开机:启动学生电脑(需要电脑硬件支持);

　26.音量设置:多媒体教学网软件可以在教师端,统一设置学生电脑的录音、放音的音量;

　27.点名签到:教师可以通过让学生签到来实现对学生进行考勤记录;

　28.班组管理:非常强大的班级、小组、学生和电脑管理机制,无须配置就可以开始教学任务，而且对"班级、学生"概念的引入，可以让您进行多个班级配置管理，可以安排学生的座位，可以进行分组管理和教学演示，可以监视学生电脑的当前状态等，都是非常的方便。

多媒体网络教室的应用 ／

大家公认计算机辅助教学的难点之一是如何创造学生自主学习环境。经验证明，使用多媒体网络教室有助于问题的解决。在多媒体网络教学的环境中，教师可以利用网络的广播功能，通过多媒体教学信息的呈现，完成班级集体授课，也可以通过点对点的操作与学生交流，针对不同程度的学生布置不同的学习内容，并且实施有针对性的辅导，这种师生间的交互作用既有助于构造学生自主学习的环境，也便于收集反馈信息，这些都有助于改善课堂教学的协调性与适应性。

（一）课堂教学

课堂教学一般可分为教师讲课和指导学生练习两大方面。

教师讲课多是强制性的，要求学生必须听讲，可以通过计算机网络环境的一对多广播操作来实现。在广播教学模式下，所有学生的键盘被封锁，学生操作被强制性地中断，然后教师通过多媒体网络教学软件将自己屏幕上的教学信息实时地传递到各个学生机，学生机屏幕上的显示内容与教师机同步。使用这种实时传递屏幕的方法，可同时满足实时性和强制性的要求，很方便教师讲课。

教师指导学生则是一对一的过程，它不仅要求学生在练习过程中能向教师提出问题，而且要求教师能对不同程度的学生布置难度不同的学习内容，并且能够及时提供指导意见，这种一对一的过程在网络中可通过点对点的操作来实现。在个别指导的教学模式下，教师可以选择需要指导的学生机进行查看和辅导。进行指导操作时，不仅要求学生机屏幕上的内容能在教师机上显示，而且要求教师机能实时地将指导信息传递给学生，这样在教师的指导下，学生机屏幕上的内容能发生相应的变化。利用多媒体网络教学系统提供的键盘与鼠标交互功能，提供的师生文字、语音的交谈功能，很方便教师指导学生。

综上所述，多媒体网络教室的优势在于形成课堂教学的闭环结构和具有个别化教学的能力，而这两点正是传统课堂教学所缺少的。

(二)多媒体辅助教学

多媒体教学系统可存储和传播大量信息,多媒体的教学设计配合多感官的学习,不仅大大提高了教学密度,而且由于符合认识规律,必然加速学习进度,促进学生对知识的理解和记忆,激发学习动机,从而提高学习效率。常见的教学媒体使用方法有以下几种:

1.积累资料法,平时将与教学有关资料(包括背景材料)以多媒体形式存入电脑,教学时根据需要选择其中的一两个镜头或片断在课堂上播放。

2.再现过程法,把教材中的复杂过程通过多媒体形象地展示出来,以帮助学生理解。

3.控速展示法,把漫长的过程快速地展示出来,或是将稍纵即逝的过程慢速地播放出来,其中可以使用定格技巧。

4.动态展示法,教材中有许多静态图形图像,其中隐含运动变化的因素,揭示图形图像的丰富内涵,使其动态化(二维三维动画或图形图像变换),以便全面深入地揭示事物的本质。

5.创设情境法,借助多媒体技术,创设教学情境,引导学生进入意境,将教学引向深入。

6.激发兴趣法,利用多媒体直观形象丰富多彩的特点,进行多感官的学习,激发学生的兴趣,启迪学生的智慧。

多媒体的使用应注意针对性和适度性,切不可滥用。虽然多媒体技术以其声画并茂,形象直观吸引着学习者,正确运用多媒体技术会提高教学效率。但是,视听的形象直观也会给学生带来消极影响。心理学研究表明,在教学过程中当学习者持续注视屏幕画面时,头脑活动会减慢(二十分钟后脑电波呈现大脑活动趋于睡眠状态),思维受屏幕内容的抑制,教学中过度运用多媒体技术会使学习者主动性降低,想象力和抽象思维能力减弱,课堂教学如何合理运用多媒体技术,是我们面临的新问题。

(三)网络教学

网络环境下的自主学习比传统课堂教学更能促进师生之间的交流与合作,这种新的教学模式会促使教师的观念和行为发生深刻变化,教师们会感到自己更多是一个管理者和引导者,而不是说教者,这就从根本上改变了传统的师生关系和交往模式。

多媒体网络教室在实施网络化教学中,主要由提出任务、创设情境、自主学习、协作学习、意义建构五个环节组成。

1.提出任务：分析教学目标，确定学习内容，提出本课或本单元要完成的任务，以任务为中心组织课堂教学，学生通过学习操作实践去完成任务。教师提出的任务的难度应以大多数学生能通过为宜，并应具有层次性，以适应能力不同的学生。

2.创设情境：情境是指使学生进行意义建构所需要的外部学习环境。在该环节中，教师要创设与当前学习主题相关的情境，并提供相应的网上资源和支持，营造学生主动学习的良好氛围。

3.自主学习：在这环节，学生可根据自身的水平，寻找适合自己能力的学习起点、学习任务的难度、学习资源及学习目标，扩大学习活动的自由空间，解决个体差异的需求问题，使每个学生的潜能得到最有效的开发。在这一环节，学生学习主体的作用得以充分发挥，学生有多种机会在可控制的情境下去应用他们所学的知识，并能根据自身行动的反馈来形成对学习内容的认识和实施完成任务的方案。在自学过程中，学生如有困难和问题，教师要有意识让学生利用在线帮助去寻求解决问题的方法，培养学生探索软件功能的能力，或通过网络功能控制学生屏幕，与他进行双向交流和辅导。

4.协同学习：教师根据需要将学生分组，组内多个学生针对同一学习内容彼此交互合作与支援，对问题解决方案进行探索，共同完成学习任务，达到对教学内容比较深刻的理解和掌握。在这一环节，教师可以利用网络的群组功能，组织学生使用Internet及教学资源中心的网络资源，开展小组合作探索、协商讨论、模拟通讯等学习。也可以安排各个小组在网上搜集资料，讨论分析完成任务的可行方案，共同协作完成学习任务。在这个过程中，学生商讨制订解决问题完成学习任务的计划，互相交流学习心得、交流使用软件的各种技巧，既在小组内合作学习，也在小组之间进行合作，小组成员在亲和、协商、讨论、认同、感染中获得最有效的学习效果。此环节可培养学生的团队精神和协同解决问题的能力。

5.意义建构：意义建构是学习过程的终极目标，所要建构的意义是指知识或学习主题的意义，即事物的性质，规律以及事物之间的内存联系。在这个环节，学生根据教学目标的要求，汇报学习成果并进行总结评价。在教师指导下学生归纳总结正反经验和知识的规律性，把所学知识同已有知识结构重构，促进知识迁移。

6.反馈调控：最佳的网络化的学习进程，应是在网络学习的空间，从起点不断向学习目标逼近的一条直线，当学生在学习过程中偏离了学习目标的方向，就应引导他

第五种　多媒体教学系统

们，拨正方向，实现有效的学习，这就是反馈调控。在网络化学习模式中，构造有教师与学生之间、学生与学生之间、学生与网络系统之间的三个反馈回路，学生根据反馈信息，补充和完善原有的认识，不断修正解决问题的方案，实现有效的调控。

多媒体网络教学代表了电脑教育网络化的发展方向，它涵盖了计算机室、语音室和电化教育视听室的大部分功能，目前已成为现代教育技术的一个重要体现，是21世纪创新和优秀人才首要的和必要的教学认知工具，它的应用，势必会带来许多新的教学理念和教学模式的变革。

第六种　全自动课程录播系统

　　从1999年起，校园信息化建设开始兴起，局域网、城域网、计算机教室等热潮不断兴起。技术上的创新与进步，客观上能推动教学辅助手段的进步。进入21世纪，随着PC机、笔记本类设备不断普及，师生对计算机类设备的操作应用水平不断提高。同时，网络技术的发展对教育最大的影响就是网络教育的兴起，网络技术的普及应用使物理、空间上的距离不断缩小，从而优质的教学资源能够让更多的师生共享。共享优质教学资源，实现公平教育，力推网上自主学习，使得课程录播教室的建设就成为一种新的潮流。

　　从课程录播教室建设发展的过程来看，最早是从高校开始兴起。教育部关于精品课建设的要求及政策，极大地推动了相关设备与技术的发展。近两年，国内职业学习的实训教室以及普教中应用水平较高的中小学，也开始课程录播教室建设。从发展的趋势来看，课程录播教室的建设正在不断深入发展之中，其发展前景广阔。

全自动课程录播系统简介 /

　　全自动课程录播系统解决的问题就是把一些非常优质的教育资源通过现代化的教学手段，得到共享。传统的教学以教育者为中心，以传授知识为主。教师与教师之间、教师与学生之间互动不够，资源孤立，教师资源、校本资源浪费严重。而以信息技术为代表的现代化教育技术的应用则表现出明显的先进性、灵活性、可靠性、开放性。现代教育技术是运用现代教育理论和现代信息技术，通过对教学过程和教学资源的设计、开发、应用、评价和管理，以实现教学过程和教学资源的优化的理论和实践。它的内涵包括：一是现代教育技术的目的是实现教育最优化；二是现代教育技术涉及的不仅是计算机、网络等现代教育媒体，而是教育过程所有可操作的要素，包括人力资源和技术资源，如教学人员、校本资源、常规教学媒体、教学设施、教学活动等。将校园网从普通计算机局域网建设成为面向教学、科研、管理等应用的网络，能够传输和处理多媒体信息，使各种类型的多媒体资源能在校园网上灵活应用，并且能一网多用，多网合

一,将众多校园独立的应用系统整合起来,是校园网解决方案的发展方向。

全自动课程录播教室的基本组成 /

录播教室由多个子模块组成,包括多媒体教室模块(如讲台、中控、展台、笔记本、投影机等等)、教室场景摄像机图像采集模块、VGA采集模块、自动跟踪探测模块、拾音系统、扩音系统、网络实时直播模块、B/S架构点播模块、录播系统资源管理模块以及外部条件(灯光系统、吸音处理)等。

(一)多媒体教室模块建设

课程录制首先应在多媒体教室里进行,因而多媒体教室建设是这个方案中的基础部分,多媒体教室综合应用了现代多媒体控制技术,协同控制计算机、影碟机、录像机、视频展台等现代教学设备,并通过中控集中控制电动窗帘、灯光、幕布等外围设备,通过大屏幕投影或背投,让学生老师在一个高精度大屏幕演示、高保真音质、受控声光背景的多媒体教学环境进行学习教学。这样声像并茂的教学形式,使学生更易于领会接受授课内容,激发教师的激情,提高教与学质量。

每个教室配备多媒体电脑、录播专家、中央控制主机、按键控制面板、多媒体投影机、幕布、扩音设备、视频输入、输出设备等各一套,通过网络中央控制系统,将投影机、电动幕布、音箱等信号源有机控制管理起来,在中央控制室通过管理软件对网络中的各教室多媒体设备及环境设备进行网络化集中管理控制。

(二)环境建设

环境建设包括灯光系统、吸音处理、大屏幕设备等。

全自动课程录播系统的功能 /

(一)三种录制控制方式(全自动/手动/手自一体)

本套全自动课程录播系统,不仅提供全自动的录制模式,还提供手动控制的录制模式,并且提供手动/自动一体控制模式。

1.自动录制手段

自动跟踪录制模式,操作简单,仅需要在上课的时候,由做好准备的授课教师轻按"开始/录制"按键,即可录制,所有摄像机的跟踪、机位切换均自动完成。

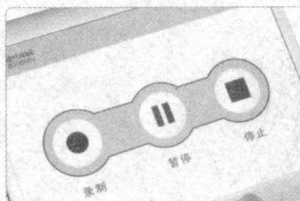

自动跟踪录制模式的控制面板

2.手动录制手段

系统提供的自动模式,在某种场合下,可能不适应用户的需要,或者用户更要一种人工的录制方式,在此套系统中,我们也考虑了手动的录制手段,并且作为控制者,也可以方便地在手动、自动两种手段之间自如切换。

手动/自动切换器

在手动录制手段上,我们提供了鼠标+键盘,专业控制键盘,导播控制台三种方式。其中导播控制台具体功能在上文已经阐述,我们认为专业的导播控制台更能达到精确控制和录制的目的,在此套方案中,为了方便进行摄像机控制、预监和导播切换的操作,我们推荐使用中庆自主研发的导播控制台作为手动录课的必配设备。

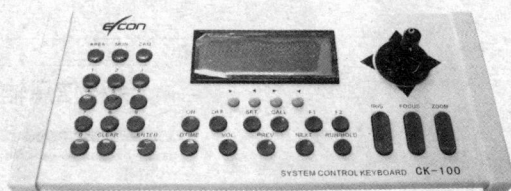

软件控制模式   **专业控制键盘**

3.手/自动一体录制模式

通过录播软件的设置,勾选自动跟踪手动切换的选项就能实现手自动一体录制,这样就能使自动跟踪机和人工导播同时使用,从而降低录课人员的工作强度,及时跟踪课堂的老师和学生,并且提高课件录制镜头切换的精度。

(二) Windows标准流媒体格式输出

Windows标准流媒体格式输出,格式有WMV、ASF支持VOD平台发布,支持免插件、免安装IE直播和点播。

(三) 系统简单易用,一键录播

教师上课,可设定为自动录播或手动录播。如果是自动录播,只需按下"录播开始"键即可。下课时按下停止键,即可完成整个课堂的录制。其他操作由系统自主进行,简单易用,极为方便。

(四) 模板化录制

中庆全自动课程录播系统采用录制参数、录制流程、基础信息等可预设成为录制模板,实现快速模板化录制,录课时根据录制模板自动生成片头、片尾,其中的内容包括讲课教师、上课地点、内容简介等,形成完整的优秀课件;

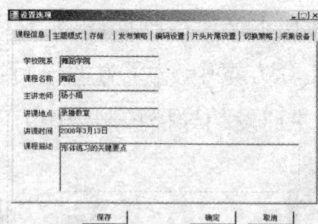

课程信息输入设置

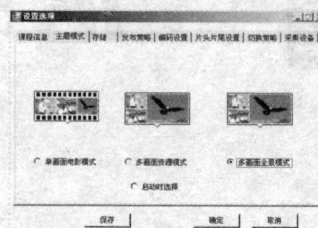

用户选择何种录播模式

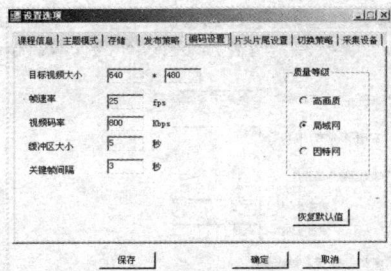

编码设置

课程片头片尾设置

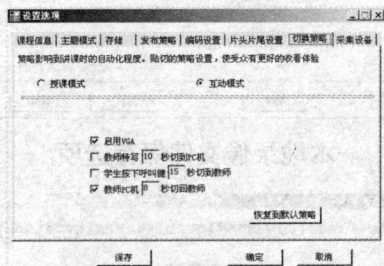

课程切换策略设置

已上传的录制好的课程,自动形成网络点播资源库中的资源,以供网上自主学习。

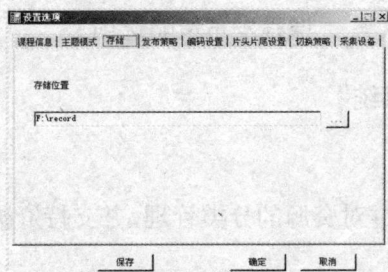

本地录像文件保存选项

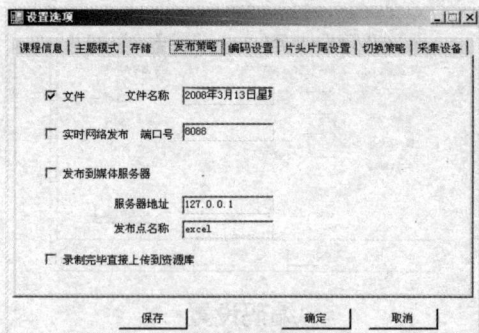

课程发布策略选项

　　已上传的录制好的课程,自动形成网络点播资源库中的资源,以供网上自主学习。

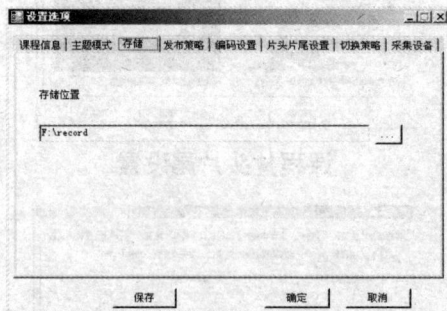

本地录像文件保存选项

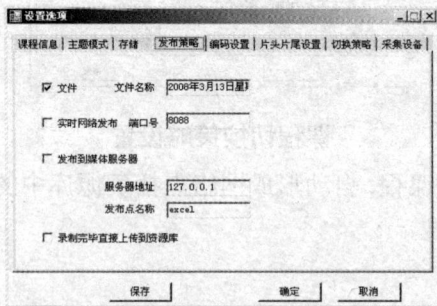

课程发布策略选项

(五) 课程资源管理系统

1.资源目录管理

　　资源管理的作用是通过对资源的分类管理,并支持资源的分类浏览、搜索、排行等功能。

　　(1) 分类:录像资源按照教师、课程、教研室、教室、班级分类,可以根据分类浏览所包含的录像文件。

（2）搜索：根据上传录像信息中的关键词搜索想要观看的录像，搜索项中可列出"热门关键词"。

2.课程相关参考资源上传

授课老师可以将与课程相关的资料上传到相应的目录，把自己原创、收集到的课件、教案、试题等教学资源贡献出来，共享给同一地区，或同一个学校备课组、年级组的其他教师，使这些优秀的教学资源发挥出更大的效益，使得课程资源更有针对性，减轻同学科老师再次搜索、加工资源的负担。让每一个老师都能够参与校本或区本课程资源的建设。

3.课程资源下载

用户根据自身的权限，通过设置文件类型过滤条件和相应的下载工具，有选择性地下载课程资源。同学科的老师通过借鉴优秀授课老师的课程资源，从而提高自身信息素养、信息技术整合能力、课件创作和课堂授课水平。

选择相关工具下载

可采用常用的迅雷下载、快车下载或采用IE自己的方式下载，提供给用户更多的使用体验。

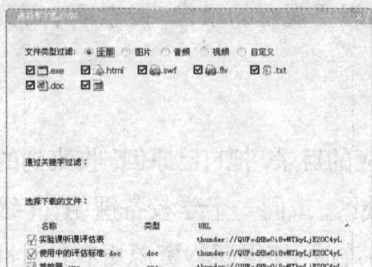

设置文件类型过滤　　　　　　　　　　　选择下载文件

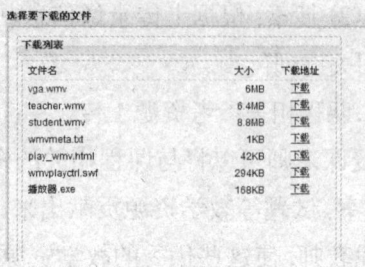

4.课程资源编辑系统

录制完后课程,可通过编辑器进行剪切、合并、字幕、特技等非线性编辑处理。

本套录播系统专有配套编辑平台,实现录制资源的后期处理,操作简便快捷;具有裁减、合并、片头、片尾、台标、字幕、画中画、特效等功能,实现多种格式的转换;支持项目机制,集中编辑后,选择空闲时间批量生成,完成后系统自动关机。

编辑软件主界面

简单易用的非线视频编辑过程,可最小以1/16秒间隔对画面进行裁、剪、修补,画面切换等各种操作,可任意对不同画面进行画中画叠加,多达20几种视频特技切换效果,可让普通教师在很短的10分钟之内,完成传统专业的视频编辑人员才能完成的视频编辑工作,大大地提高工作的效率,降低了使用难度。

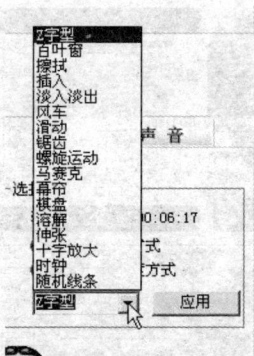

简单的视频编辑过程

可预先设置好上传到资源管理服务器中的信息，视频编辑生成后自动分类上传，不需要人工干预，大大减少了无效的工作量，提高工作效率。

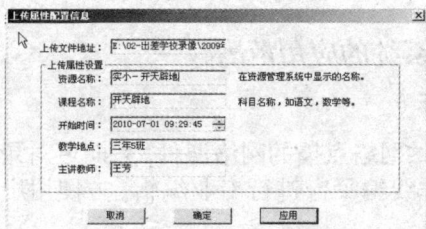

设置自动上传信息

在工作期间将所有需要编辑的视频文件进行编辑，存成项目文件。使用视频项目编辑管理器在下班前将项目文件调入，统一进行后期视频编码处理，处理完成后自动关机，丝毫不占用工作期间，不占用电脑资源，更加快捷地完成相关工作。

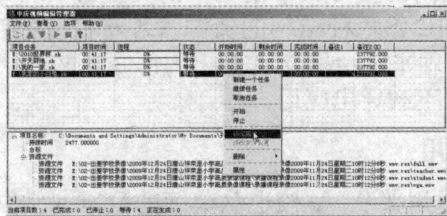

对于视频文件无论有无索引，均可对索引进行增加、删除、修改等各种操作。

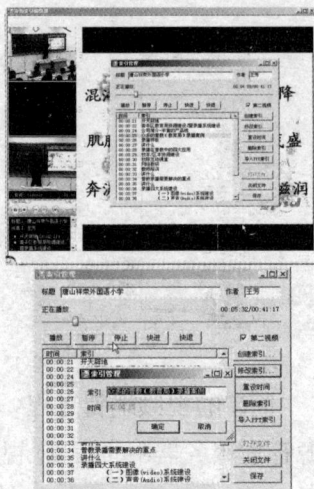

索引编辑功能

全自动课程录播系统的应用范围 /

(一) 网络课件制作

系统能自动生成可供网络点播的网络课件,后期可对录像文件进行删减、合成、索引等编辑,也可导入非线编平台进行专业编辑。方便用户教与学的综合应用、优质精品课件的评比等等。

(二) 优质课程资源库建设

可以为学校进行优质课资源库建设,同时也可为课件上传提供开放式管理平台。

教师上课完成时,录制的课件会自动生成,可直接上传到服务器;配合个人资源库管理权限,进行资源分类、多级目录创建、课件预览、课件删除等操作。

系统还提供B/S和C/S两种结构的资源管理平台,为教师资源上传点播提供开放式管理平台。同时管理平台全面支持基于内部园区网或广域网终端对课件库资源的授权访问、浏览查询、下载导出应用。

(三) 远程教学应用

随着网络技术的运用普及,学校也从单纯的教室课堂发展到了与网络课堂相结合的多模式教学活动。通过中庆全自动课程录播系统,用户可以进行课件的网络直播和课后点播、示范性教学、学生远程学习、远程互动教学等等。用户可以随时随地进行观摩、学习,不再受空间和时间的限制。

(四) 教学技能训练、微格教学评估

教师的教学技能训练一直是学校关注的重点,以往通过上教室现场听课的方式无法正确客观地对教师进行评估,已经无法满足学校的需求。针对学校的需求,根据微格教学的特点,在录播系统中嵌入微格教学评估系统,学校通过系统内的各项技术指标进行评测评估(技术指标内容可根据学校实际情况进行修改),通过远程对教师的教学技能进行客观的综合评估,以训练教师的各项教学技能,从而使教学水平得以提高。

第七种 视频点播直播录播（VOD）系统

视频点播直播录播系统的简介 /

视频点播直播录播系统是基于对电视节目采集、点播和直播的需求，提出要构建一套系统的平台，一个集视频采集、录制、存储、网上发布、资源浏览和实时网上直播于一体的系统。其主要功能是：将卫星电视或有线电视中的电视节目，首先通过软件采集压缩处理，然后进行网上直播并可以自由设置录制的时间，在录制后直接保存到资源存储中。软件支持不同时段的不同上传文件命名并上传到网页已分类中。以便在最大的程度上减轻管理人员的负担，实现部署后一次配置即可保证系统正常运行，从而不再需要管理人员对视频信号的采集、发布作任何操作，由系统自动将其完成。

在教师讲课期间，将会议中的影像(包括主持人和现场人员的)、声音、会议讲稿(计算机桌面或投影)进行多路合一(画中画效果)并同步直播给现场外的与会人员，或录制后保存在服务器中供人员学习。若会议中涉及PPT幻灯片演示，软件需具有自动判断幻灯片数目并自动生成索引列表的功能，供点播时进行快速切换，以方便人员进行学习。

视频点播直播录播系统的特点 /

视频服务系统主要包含视频点播、直播、录播和广播等服务。

(一) 媒体文件格式支持

能全面支持MPEG1/2/4、VCD、DVD、RM (RMVB)、MP3、MIDI、WAV等各种国际标准、国际主流视频音频格式的字幕文件。

(二) 视频/音频直播

设备直播功能支持计算机屏幕、USB摄像头、DV摄像机、模拟摄像头+视频捕获卡、MPEG-4/H.264压缩卡、卫星卡等多种视频/音频设备。

(三)多路直播和录制

VOD系统在进行视频直播时可以在一个直播频道内实现三路画面同时播出,将直播现场展示得更加完美、全面。并且在直播的同时还可以对直播画面进行实时录制。待直播结束后可以将录制下来的三路直播画面任意进行分离、组合,为用户以后的保存和应用提供了方便。

(四)应用程序选择和电子教鞭

支持计算机屏幕的实时直播。在直播的同时可以使用一些辅助性的工具,具有电子教鞭功能,即在直播的同时可通过电子教鞭工具对桌面的内容进行标注;具有应用程序选择直播功能,既可以选择全屏幕直播,也可以选择一个或多个程序进行直播,其他桌面程序自动隐藏。

(五)节目分类管理功能

系统支持多重分类管理方法,它可以对系统中的所有节目进行多重分类。这很好地解决了客户对杂乱无章的节目无法管理的烦恼,同时也方便用户以后能尽快地检索到需要的节目。

(六)节目片断管理功能

VOD提供的节目片断功能大大方便了用户对节目的组织,对于包含多个媒体文件的节目(如电视连续剧)无需将其分割为多个节目项目,只须用一个节目标题就可以方便地将其组织起来以便点播。VOD节目添加模块为节目文件提供自动诊断、远程传输、智能修复机制,大大方便了用户对大量节目的日常维护。

(七)区域存储功能

VOD提供的节目区域存储功能可以方便的扩展存储容量,也可以将节目存储到不同的分区,最大限度地利用用户的硬盘空间。一旦VOD系统遭到破坏,并不会损坏已经添加的媒体文件,只需在重新安装系统时,把相应的媒体文件路径添加到新的系统中即可恢复。

视频点播直播录播系统的功能 /

(一)节目导入和片断功能

节目源发布操作方便,可以进行批量节目导入,通过类似资源管理器模式简单拖曳既可完成节目的批量导入,也可进行单个节目远程发布;一个节目中可以包含多个节目片断，以方便有多个片断的节目进行组织（如电视剧）；添加的节目有审核功能，只有通过审核的节目才能被点播。

(二) 支持批量导入节目

可以通过拖曳的方式把一个目录下的节目快速加入VOD系统。

(三) 多画面直播合成

可以将计算机屏幕、DV摄像机、摄像头等多个视频设备的画面及时捕获，并实时直播到Internet网上，用户可以在一个窗口中收看多个画面的信息，并可灵活调整画面的显示模式。

(四) 直播录制上传

在直播的同时可以进行本地录制或者上传到点播服务器上，以供用户事后编辑或点播用。系统提供专业的编辑工具对录制文件进行索引编辑或者进行裁剪合成。

(五) 复合频道接收

用户可以将多个来自不同直播源的画面合成到一个窗口中收看，轻松实现类似视频会议的效果。

(六) 远程遥控

可以远程遥控直播端进行直播、录制等各项操作，并可及时调整各项参数，还可以远程控制云台，远程控制接收端收看直播等。

(七) 屏幕直播

屏幕直播可实现桌面各种应用程序的广播，如：常规应用程序、画面、软件等。我们对各种典型的应用情况进行了测试，发现屏幕直播在各种情况下都能够为您带来满意的效果。

(八) 高效的桌面应用软件广播

桌面广播是一种通用的广播方式，主要演示Word/Excel等应用软件。

(九) 强有力的课件广播

对教学常用的PowerPoint及Flash课件能够支持。

(十) 全面的多媒体广播

通过对各种视频加速技术的支持，能够实时、高效广播几乎所有二维/三维游戏和二维/三维设计软件。此情况下性能指标与全屏视频广播基本相同。

第二篇　音频、视频设备

第八种　投影仪及展台

投影仪的简介 ／

投影仪用于将各种电脑信号以及ntsc/pal/secam 视频信号投射在屏幕上,安装时所需空间很小,可以方便地获得大型的图像。

投影仪

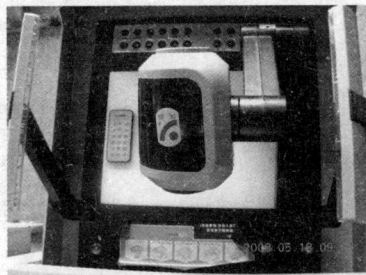

视频展示台

投影仪主要通过三种显示技术实现,即CRT投影技术、LCD投影技术以及近些年发展起来的DLP投影技术。

(一) CRT三枪投影仪

CRT是英文Cathode Ray Tube的缩写,译作阴极射线管。作为成像器件,它是实现最早、应用最为广泛的一种显示技术。这种投影机可把输入信号源分解成R (红)、G (绿) B (蓝) 三个CRT管的荧光屏上,荧光粉在高压作用下发光系统放大、汇聚在大屏幕上显示出彩色图像。光学系统与RT管组成投影管,通常所说的三枪投影机就是由三个投影管组成的投影机,由于使用内光源,也叫主动式投影方式。CRT技术成熟,显示的图像色彩丰富,还原性好,具有丰富的几何失真调整能力;但其重要技术指标图像分辨率与亮度相互制约,直接影响CRT投影机的亮度值,到目前为止,其亮度值始终徘徊在300lm以下。另外CRT投影机操作复杂,特别是汇聚调整烦琐,机身体积大，只适合安装于环境光较弱、相对固定的场所，不宜搬动。

（二）LCD投影仪

LCD是Liquid Cristal Display的英文缩写。LCD投影仪分为液晶板和液晶光阀两种。液晶是介于液体和固体之间的物质，本身不发光，工作性质受温度影响很大，其工作温度为-55℃～+77℃。投影机利用液晶的光电效应，即液晶分子的排列在电场作用下发生变化，影响其液晶单元的透光率或反射率，从机时影响它的光学性质，产生具有不同灰度层次及颜色的图像。下面分别说明两种LCD投影机的原理。

1.液晶光阀投影仪

它采用CRT管和液晶光阀作为成像器件，是CRT投影机与液晶与光阀相结合的产物。为了解决图像分辨率与亮度间的矛盾，它采用外光源，也叫被动式投影方式。一般的光阀主要由三部分组成：光电转换器、镜子、光调制器，它是一种可控开关。通过CRT输出的光信号照射到光电转换器上，将光信号转换为持续变化的电信号；外光源产生一束强光，投射到光阀上，由内部的镜子反射，能通过光调制器，改变其光学特性，紧随光阀的偏振滤光片，将滤去其他方向的光，而只允许与其光学缝隙方向一致的光通过，这个光与CRT信号相复合，投射到屏幕上。它是目前为止亮度、分辨率最高的投影仪，亮度可达6000ANSI流明，分辨率为2500×2000，适用于环境光较强，观众较多的场合，如超大规模的指挥中心、会议中心及大型娱乐场所，但其价格高，体积大，光阀不易维修。主要品牌有：休斯-JVC、Ampro等。

2.液晶板投影仪

它的成像器件是液晶板，也是一种被动式的投影方式。利用外光源金属卤素灯或UHP（冷光源），若是三块LCD板设计的则把强光通过分光镜形成RGB三束光，分别透射过RGB三色液晶板；信号源经过模数转换，调制加到液晶板上，控制液晶单元的开启、闭合，从而控制光路的通过段，再经镜子合光，由光学镜头放大，显示在大屏幕上。目前市场上常见的液晶投影机比较流行单片设计（LCD单板，光线不用分离），这种投影机体积小，重量轻，操作、携带极其方便，价格也比较低廉。但其光源寿命短，色彩不很均匀，分辨率较低，最高分辨率为1024×768，多用于临时演示或小型会议。这种投影机虽然也实现了数字化调制信号，但液晶本身的物理特性，决定了它的响应速度慢，随着时间的推移，性能有所下降。

（三）DLP投影仪（数码投影仪）

DLP是英文Digital LightPorsessor 的缩写，译作数字光处理器。这一新的投影技术的诞生，使我们在拥有捕捉、接收、存储数字信息的能力后，终于实现了数字信息显示。DLP技术是显示领域划时代的革命，正如CD在音频领域产生的巨大影响一样，DLP将为视频投影显示翻开新的一页。它以DMD（Digital Micormirror Device）数字微反射器作为光阀成像器件。

DLP投影仪的技术关键点如下：首先是数字优势。数字技术的采用，使图像灰度等级达256~1024级，色彩达256~1024种，图像噪声消失，画面质量稳定，精确的数字图像可不断再现，而且历久弥新。其次是反射优势。反射式DMD器件的应用，使成像器件的总光效率达60%以上，对比度和亮度的均匀性都非常出色。在DMD块上，每一个像素的面积为16μm×16，间隔为1μm。根据所用DMD的片数，DLP投影机可分为：单片机、两片机、三片机。DLP投影机清晰度高、画面均匀，色彩锐利，三片机亮度可达2000流明以上，它抛弃了传统意义上的汇聚，可随意变焦，调整十分便利；分辨率高，不经压缩分辨率可达1024×768（有些机型的最新产品的分辨率已经达到1280×1024）。

投影仪的安装方法 /

（一）投影机放置位置

决定投影机应放置何处时，要考虑屏幕的尺寸和形状、电源插座的位置以及投影机与其他设备的距离。以下是一些常用的指导原则：

1.将投影机放在平整的表面上，与屏幕成直角。投影机与投影屏幕的距离必须不小于4.9英尺（1.49米）。

2.除非购买加长连接线，否则投影机与电源的距离不应超过10英尺（3米），与视频设备的距离不应超过6英尺（1.8米）。为了保证有足够的空间插拔连接线，投影机应距离墙壁或其他物体至少6英寸（0.15米）。

3.如果要将投影机安装在天花板上，请参阅天花板吊顶安装组件附带的安装指南。同时，吊顶安装需使投影机的图像上下颠倒设备。

4.将投影机放在距离屏幕合适的位置处。投影机镜头与屏幕的距离、缩放设置和视频格式等因素决定投影图像的大小。

5.图像以给定角度投射出投影机。此图像位移量为112%。这表示若图像的高度为10英尺，则图像的底线将在镜头中心之上1.12英尺处。

表1：
与屏幕的距离范围（就特定屏幕尺寸）

屏幕对角尺寸 （英寸/米）	屏幕距离	
	最大距离 （英尺/米）	最小距离 （英尺/米）
60/1.5	8.5/2.5	7.9/2.4
80/2	11.3/3.4	10.6/3.2
92/2.3	13.0/3.9	12.2/3.7
150/3.8	21.2/6.4	19.8/6.0

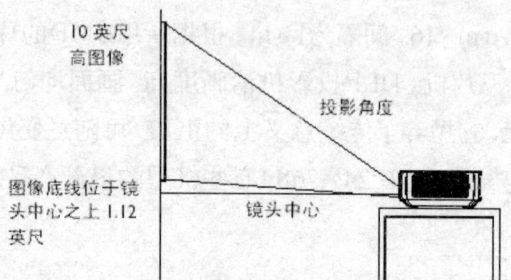

（二）投影机和设备接口指南

下图和表格应能帮助您确定要使用的接口，并从输入设备（如电脑、标准 VCR、逐行和隔行扫描的DVD播放机、HDTV信号源（1080i 和 720p HDTV格式）、电视和卫星电视调谐器、摄像机、逐行和隔行扫描的视频游戏机以及激光影碟机）上获得尽可能佳的分辨率。

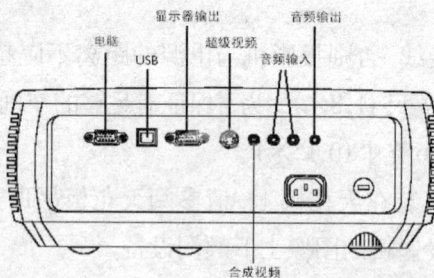

连接端口	选择的按钮		屏幕上的显示
	主机	遥控器	
Computer #1 端口	[Computer] （无论何时按下都将改变）	[Comp1]	计算机 1
BNC 端口（RGB）			BNC（RGB）
BNC 端口（YCbCr）	[Video] （无论何时按下都将改变）	[Comp2/YcbCr]	BNC（RGB）或 BNC（YcbCr）
Video 端口		[Video] （无论何时按下都将改变）	视频
S-Video 端口			S 视频

（三）投影仪连接电脑信号源

　　将所提供的电脑连接线一端连接到投影机上的Computer In（电脑输入）接口，将另一端连接到电脑上的VESA接口。如果使用的是台式电脑，则首先需要将电脑显示器连接线与电脑的视频端口断开连接（您可以将该显示器连接线与投影机上的Monitor Out（显示器输出）接口连接，如下所示）。

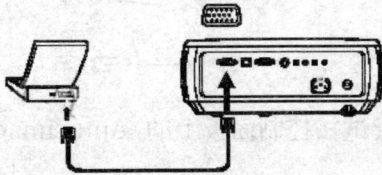

　　将电源线与投影机背面的POWER（电源）接口及电源插座相连。

投影仪的使用 ╱

1.打开电脑或视频设备的电源。

2.按下投影仪Power（电源）按钮。

　　状态指示板上的Power指示灯闪烁绿色，风扇开始运转。灯泡亮时，启动屏幕显示，电源指示灯呈稳定的绿色。可能需要一分钟时间，图像才能达到完全光度。

按 Power 按钮

　　图像应出现在投影屏幕上。如果没有图像，请按投影机控制面板或遥控器上的Source（信号源）按钮，直到图像出现。

打开电脑或视频
设备的电源

　　如果使用的是手提电脑，请确保其外部视频端口已开启。

许多手提电脑在连接投影机后并不自动打开其外部视频接口。一般可用如Fn+F8或CRT/LCD的组合键来开启或关闭外部显示。找到标有CRT/LCD的功能键或带有显示器符号的功能键。同时按Fn和有此标志的功能键。请参阅手提电脑文档，了解电脑的实际按键组合。

激活手提电脑的外部端口

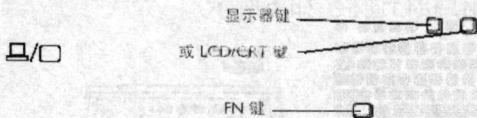

显示器键

或 LCD/CRT键

FN 键

无手提电脑图像，请尝试按控制面板上的 Auto image（初始图像）按钮。

3.投影仪调整图像

(1) 调整缩放或对焦

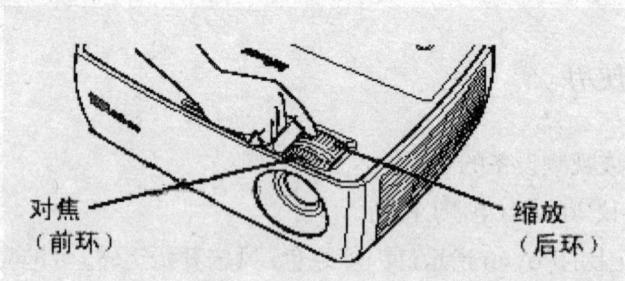

对焦
（前环）

缩放
（后环）

如果图像不呈方形，首先确保投影机与屏幕垂直。如果图像在屏幕的上部或下部较大或较小，按上面的梯形畸变按钮缩小图像的上部，按下面的梯形畸变按钮缩小图像的下部。

如果屏幕的左侧或右侧相互大小不一致，可以将投影机向左或向右转动几度，使图像呈方形。

(2) 从"画面"菜单，调整"对比度"或"光度"

调整"画面"菜单

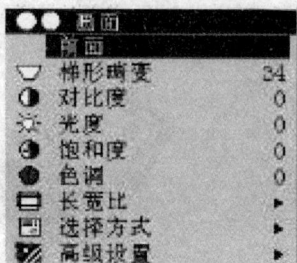

menu

画面

前面

梯形畸变　　34
对比度　　　0
光度　　　　0
饱和度　　　0
色调　　　　0
长宽比　　　▶
选择方式　　▶
高级设置　　▶

(3) 若要显示视频显示台上内容, 则按遥控器Input键, 墙上显示内容切换到视频显示台所显示内容。

如用实物投影, 按下"灯选择"按钮, 打开摄像臂上的灯。再按"灯选择"按钮, 则显示台下的底光灯亮起, 此时可使用胶片。

如需调整字体大小, 则按下视频显示台放大、缩小键, 并按自动聚焦键。

4.关闭投影仪

要关闭投影机电源, 请按遥控器或控制面板上的Power (电源) 按钮两次 (第二次是确认关机请求)。灯泡熄灭, 状态指示板上的Power 指示灯闪烁绿色一分钟; 与此同时, 风扇继续运转以冷却灯泡。当指示灯闪烁绿色时, 投影机不接受控制面板和遥控器的任何输入指令。灯泡冷却后, 电源指示灯亮稳定的绿色。

投影仪常见问题及解决方法 /

1.投影仪使用请遵循以下操作:

◇打开投影仪电源之前, 先连接投影仪电缆。

◇关闭电源后, 使投影仪完成冷却循环。

◇注意: 风扇运转时拔去投影仪电源插头会降低灯泡的使用寿命。

◇在清洁投影仪之前将其关闭并拔去插头。

◇使用柔软的干布清洁投影仪机架。

◇需使用照相机镜头清洗材料并按程序清洁镜头。

◇如果投影仪长期不用, 则断开电源插头与交流电源插座的连接。

2.投影仪在日常使用中, 应该注意事项

投影仪的灯泡在工作时会产生很高的温度, 而目前投影仪的内部元件的集成度较高, 体积做得比较紧凑。所以对于投影仪的使用来说, 散热是一个非常重要的问题。在使用中要让投影机有良好的通风散热条件, 不要使投影机的底部和支撑面贴得太近, 不要在投影仪的通风口处放置任何东西, 尤其是书本或者布等, 以免通风不畅, 影响散热。在投影仪中一般有两个风扇, 一个是吸气风扇, 用于将外界的新鲜空气吸入投影仪中, 冷却投影仪的器件; 一个是排气风扇, 用于将冷却部件后的高温度的空气排出投影仪外。在吸气风扇的外部有一个空气过滤网, 会将空气中的灰尘过滤掉, 避免其进入投影仪内部。所以, 首先要保证使用的室内环境较清洁, 其次定期清理空气过滤网上的灰尘, 避免进气量不够影响冷却效果。

将投影仪关机时, 一定要先关机呈等待状态, 等投影仪内部温度降低、风扇停转后再关掉电源开关, 否则或严重降低投影仪的使用寿命。

3.如何使用投影仪的梯形校正功能

梯形校正是指当投影机的光学镜头的轴线位置不处于水平位置时,会产生投影屏幕出现梯形的图像屏幕,而不是正方形的投影屏幕。此时可以通过投影机的梯形校正功能来弥补这种缺陷。

4.投影仪的轨道调整及使用

投影仪接收到图像源的信号,经过主板的解析处理,会产生打开液晶体的动作。元素颜色的光线有序地通过液晶体后投射出正确的图像。我们可以将这些光线看成一列列的火车,按照自己的轨道驶向正确的目的地。但是有时投影仪没有正常工作,也就是有的光线没有按照正确的轨道路线行驶。这时候,投影出的图像就出现了一些垂直条纹。这时按"Tracking +/-"按钮进行调整,强行改变光线行进的路线,直到你认为满意为止。

5.投影仪的同步调整及使用

与投影仪的轨道调整类似,元素颜色的光线需要有序地按照规定的时间通过液晶体,这样才能投射(也就是刷新)出正确的图像。如果投射会聚的图像出现闪烁、模糊时,可能是投影仪的同步性不好了。这时候需要按"Sync+"或"Sync -"键进行调整,矫正投影仪的同步性,直到投射的效果满意为止。

6.什么时候应该更换投影仪的灯泡

投影仪的灯泡是投影仪的耗材,安装的灯泡均有工作时间的限制。当有下列情况发生时应该更换投影仪的灯泡:

投影的图像开始变黑或者投影效果开始恶化;投影仪顶部的错误指示灯以一秒一次的频率红灯闪烁,表明虽然没有到灯泡的使用寿命,但是应该尽快更换灯泡了;当投影仪持续使用到灯泡寿命时间,"LAMP REPLACE"信息会显示在屏幕上。这时候投影仪内部的时间计数器开始提示灯泡的使用寿命快到了,即使当前的投影效果仍然很好。

7.投影仪为什么会产生偏色的现象,是否正常?

其实投影仪投射图像与打印机有相似的地方,三种元素颜色很像喷墨打印机的墨水,将图像"打印"在屏幕上。在投影仪主板解析处理图像源的信号时,会产生一点偏差,在用信号还原图像的色彩时,也会与图像源有稍微的不同。但是只要是偏差不太大,都应该是正常的现象。

但是如果投射的图像有严重的偏色甚至是错误,如将图像源的黄色投射成了紫色,那就是投影仪的硬件故障了。还有一种情况,在投射的图像上出现了白色的亮点,那就是投影仪的液晶板坏了,造成大量的光线通过液晶体投射出了错误的图像。

8.什么是投影仪的流明叠加功能

　　有些投影仪有流明（亮度）叠加功能，如果需要增加投影图像的亮度，可以使用多台投影机同时投影图像。这些投影机在机身上具有镜头移动调节开关，可使投影的图像完全重合。而投射图像的流明（亮度）基本上可以达到这几台投影仪标称流明数的总和。在较大的光线较亮的场所，如商场、展会等，这种功能是非常有用的。

第九种 数码相机

自从世界上第一台相机问世以来，摄影就成为人们生活中不可或缺的组成部分。一张张照片，记录着生活中无数个美好的回忆。数码相机以它容量大、易存储、所见即所得等优点大有取代传统相机的趋势。现在，拥有一款得意的数码相机已经成了一种时尚。

数码相机简介

数码相机有卡片数码相机、单反数码相机、长焦数码相机。卡片数码相机的外形小巧、重量较轻，可以放在小口袋里，占用空间小，携带方便，操作简单，越来越受到非专业人士的喜爱。单反数码相机可以交换不同规格的镜头，感光元件面积大，表现出的亮度和色彩细致，摄影质量明显高于普通数码相机。长焦数码相机具有较大光学变焦倍数，能拍摄很远的景物，调节景深，适合专业创作。

数码相机

数码相机多使用存储卡用来存储数据，较为普遍的是CF卡（Compact Flash）和SD卡（Secure Digital），记忆棒主要在索尼的数码相机中使用，XD卡主要用在富士和奥林巴斯的数码相机。将存储卡中的数据传到计算机中可以直接将数码相机连接到计算机上进行，也可以使用读卡器。

(一) 数码相机近距离拍摄效果不好

在拍摄照片时, 如果物体离数码相机太近, 超出了焦距对焦范围, 那么, 拍摄出来的照片的最终效果就不会太清晰。

故障解决: 如果数码相机有微距拍摄功能, 只要激活其功能并在相机允许的距离范围内拍摄相片即可得到较好的效果。

(二) 数码相机拍摄的景物与LCD监视器里显示的景物有位移

因为所有的照片在拍摄时都会有停滞的现象, 也就是指在按动快门后到能够实际拍摄出景物之间有一定的延时, 此时如果景物有变化或拍摄者的手抖动, 就会造成这种故障的发生。

故障解决: 使用三脚架或更换为停滞时间短的数码相机即可。

(三) 相机突然断电导致故障

数码相机使用的是外接电源, 没有使用电池进行拍摄, 在使用时如不小心碰掉外接电源时, 当再次开机使用时, 会发现相机中的SIM卡既无法删除旧照片, 也无法再保存照片。这可能是由于SIM卡正在使用时突然断电导致写入数据错误或存储卡数据系统紊乱, 从而导致无法删除和保存。

故障解决: 只要使用读卡器重新格式化SIM卡后即可解决。

(四) 相机自动关闭

1.如果数码相机突然自动关闭, 首先应该检查是否是电池电力不足, 如果是更换电池即可。

2.如果更换电池后, 相机仍无法启动, 并且相机机身过热, 由此可判定相机是由于连续使用时间过长, 造成相机自动关闭。停止使用, 使其冷却后再使用。

(五) 液晶显示器显示图像时有明显瑕疵或出现黑屏

这种现象多数是由于CCD图像传感器存在缺陷或损坏导致的, 需要更换CCD图像传感器。

(六) 照片出现暗角现象

数码相机在相同的光线亮度的环境下拍摄, 最终成像的四角出现明暗不一的现象。暗角现象与镜筒组件的位置结构有一定的关系,相机中的镜头光轴与CCD中心相对应,这样的结构使得CCD四周的光量与中心相比虽然暗一点,可是并没有明显的暗角度,如果CCD往镜筒左上角偏移,越靠近镜筒边缘入射光量就变得越少,于是暗角现象会慢慢凸现,此时暗角就会比较明显。

故障解决:

1.在拍摄照片时将相机设置为光圈优先模式。

2.先使用最小光圈拍摄蓝天,接着一档一档开大光圈进行拍摄。

3.在电脑中应该使用看图软件浏览照片,检查周围是否有明显差异。

4.如果出现的暗角比较明显,应该送维修站纠正CCD与镜筒口径位置,或更换镜筒组件。

第十种 数码摄像机（DV）

DV数码摄像机简介

DV是"Digital Video"的英语缩写，一般指数码微型摄像机。是由索尼，松下，JVC，夏普，东芝等多家厂商联合提出的一种家用数字视频格式。所谓的DV摄像机就是以这种格式记录视频数据的。这种DV数码格式被定位在家用级，其画面质量低于广播级的摄像机，但也常常被各电视台作为非专业播出而采用。

（一）DV机视频格式

DV机拍摄视频的格式主要是MPEG格式。

MPEG 是 MotionPicture Experts Group 的缩写，它包括了 MPEG-1，MPEG-2 和 MPEG-4（注意，没有MPEG-3，大家熟悉的MP3 只是 MPEG Layeur 3）。MPEG-1相信是大家接触得最多，因为它被广泛应用在 VCD 的制作和一些视频片段下载的网络应用上面，可以说 99% 的 VCD 都是用 MPEG1 格式压缩的（注意VCD2.0 并不是说明 VCD 是用 MPEG-2 压缩的），使用MPEG-1的压缩算法，可以把一部120分钟长的电影压缩到1.2GB左右大小。MPEG-2则是应用在DVD的制作（压缩）方面，同时在一些HDTV（高清晰电视广播）和一些高要求视频编辑、处理上面也有相当的应用面。使用MPEG-2的压缩算法压缩一部120分钟长的电影可以到压缩到4到8GB的大小（当然，其图像质量等性能方面的指标MPEG-1是无法比拟的）。

MPEG-4是一种新的压缩算法，使用这种算法的ASF格式可以把一部120分钟长的电影压缩到300M左右的视频流，可供在网上观看。MPEG-4利用很窄的带宽，通过帧重建技术压缩和传输数据，以求以最少的数据获得最佳的图像质量。

（二）DV摄像机的存储介质

DV摄像机的存储一般采用磁带（mini DV带），也有使用光盘或硬盘的。这些存储媒介各有优势，但它们的共有缺点是拍摄时都有转动和移动的机械系统来完成录制工作。这些机械系统结构精密，需定期维护和维修更换。而半导体存储器就不存在这些麻烦的机械系统，只是电子信号的写入与读出，因而其数据的读写可靠性大为提高。拍摄时宁静无声，系统功耗小、省电。半导体存储器对温度、湿度、震动冲击、灰尘等具有很强的防护能力，对使用环境的要求就相应降低。半导体存储器是非线性的存储媒体，可以实现高速随机存取视频、音频信号，可方便地把信号下载到计算机中进行编辑修改，为DV片的制作和传播创造了便利条件。

1.磁带 (mini DV带)

Mini DV带的磁带宽度只有6.35毫米 (1/4英寸) (带盒全尺寸只有66×48×12.2毫米)，带基用的是金属蒸镀工艺，具有较高耐磨强度和较高磁性能。Mini DV是专供DV摄录机记录DV视频、音频信号的。正是因为有了更小巧的mini DV带，所以DV才可以做得更小、更薄、更容易携带。

2.SD卡

Secure Digital Card——安全数码卡，是由日本松下公司、东芝公司和美国SANDISK公司共同开发研制的，具有大容量，高性能，尤其是安全等多种特点的多功能存储卡。尺寸32mm×24mm×2.1mm。

3.CF卡

CF卡 (Compact Flash) 是1994年由SanDisk最先推出的。CF卡具有PCMCIA–ATA功能，并与之兼容；CF卡重量只有14g，仅纸板火柴盒大小 (43mm×36mm×3.3mm)。CF卡同时支持3.3伏和5伏的电压，任何一张CF卡都可以在这两种电压下工作，这使得它具有广阔的使用范围。CF卡分为CF I和CFII两种规格。

4.Micro Drive (小硬盘)

这是IBM公司开发的微型硬盘，可以说是凝聚了IBM在磁储介质方面的全部精髓，"麻雀虽小五脏俱全"，在有限的7789平方毫米里包含有相当多的部件，如磁盘片、巨磁阻磁头、主轴电机、控制电路和接口电路。外形与CFII相同，大小为长42.8mm×宽36.4mm×厚5mm，50–pin，可反复抹写30万次，但比CF卡略重，为16克。里面记录密度为15.2GB/平方英寸，转速为3600/4500rpm。电源电压为3.3V或者5V。可直接用于支持CFII标准的产品，或通过专用PC适配器使用到对应有PCMCIA II插槽的产品中。

初级DV的技术要点

初级DV都有拍摄静态照片的功能，可以从静态照相和动态视频两个方面来考核入门级DV。静态照相的功能等同于数码照相机，主要技术指标有分辨率、彩色还原、白平衡、感光动态范围等；动态视频方面主要关注视频清晰度、动态记录连续性、低照度摄像等。

影像传感器：可将入射的电磁信号转化成电子信号的电子器件，例如CCD、CMOS等。其有效像素的高低大致能判断机器的档次。

视觉分辨率：在显示器或者照片上再现的测试图中黑白相间的线条刚刚能被人眼所分辨的空间频率；由于伪信号的影响，能够再现的空间频率要低于测试图中相应区域的空间频率。用每像高的线数作度量。

白平衡：为了在不同的光源（晴天、阴天、白炽灯、荧光灯、闪光灯等）条件下能获得合适的彩色再现，数码照相机所具有的一种调节功能。也就是说，在不同光源颜色的照明下，拍摄白纸得到的照片让人眼看起来是白色的。

视频分辨率：视频图像的规格尺寸，如DV的720×576；VCD的352×288等，数值越大视频分辨率越高。

DV的使用方法 /

1.拿稳摄影机

最好是用两只手来把持摄像机，这绝对比单手要稳，或利用身边可支撑的物品或准备摄像机三脚架，无论如何就是尽量减轻画面的晃动，最忌讳边走边拍的方式，这也是最多人犯的毛病。这种拍摄方式是针对特殊情况下才运用的，千万记住画面的稳定是动态摄影的第一要则。

2.固定镜头

简单地说，就是镜头对准目标后，做固定点的拍摄，而不做镜头的推近拉远动作或上下左右的扫摄，设定好画面的大小后开机录像。平常拍摄时以固定镜头为主，不需要做太多变焦动作，以免影响画面稳定性、画面的变化，也就是利用取景大小的不同或角度及位置的不同，对景物的大小及景深做变化，简单地说，就是拍摄全景时摄影机靠后一点，想拍其中某一部分时，摄影机就往前靠一点，位置的变换如侧面、高处、低处等不同的位置，其呈现的效果也就不同，画面也会更丰富，如果因为场地的因素无法靠近，当然也可以用变焦镜头将画面调整到你想要的大小。但是切记不要固定站在一个定点上，利用变焦镜头推近拉远的不停拍摄，这是许多DV族常犯的毛病。拍摄时多用固定镜头，可增加画面的稳定性，一个画面一个画面的拍摄，以大小不同的画面衔接，少用让画面忽大忽小的变焦拍摄，除非你用三脚架固定，否则长距离的推近拉远，一定会造成画面的抖动。

3.推拉镜头

固定镜头并不是不能使用变焦镜头进行推拉，当需要从局部到全局地表现场景，或从全局到局部的特写时，推拉镜头还是少不了的。推拉镜头时应拿稳摄像机（最好用三脚架固定），将变焦镜头匀速、缓慢地从近到远，或从远到近地变焦。推拉镜头只能采用单向地推或拉,切忌来回反复推拉镜头。

4.摇镜头

拍摄工作中,当拍摄的场景过于宏大,如果用广角镜头不能把整个画面完全拍摄下来,那么就应该使用"摇摄"的拍摄方式。用摇摄的方式拍摄的电视画面叫摇镜头。

DV视频后期制作 /

1.准备工作

第一步:是把视频信息从DV中采集出来。

第二步:是在各种后期制作软件再编辑,制作完AVI格式源文件后,作品已经完成了,然后使用其他的软件制作更为普及的VCD、SVCD、DVD等。

2.制作Mpeg2高清晰视频

将DV摄像机连到计算机的特殊缆线称为Firewire缆线,亦称为IEEE1394缆线。此缆线可将音频和视频的数字数据传输至计算机,当您想将项目输回录像带时,它也可将相同的文件传回摄像机。

USB是指通用串口总线技术。USB的优点,在于USB控制器只占用一个IRQ,而其他联机的USB设备则都不需IRQ。USB能在同一端口上支持多台设备。技术上一个USB端口能够支持最大127台设备同时联机。

初级DV视频的后期制作 /

初级DV由于已采用MPEG1的压缩技术记录视、音频文件,因而不需要上述那些烦琐的下载和转换步骤,可以用USB线连接摄录机与电脑,直接拷贝复制MPEG视频文件即可。

第十一种　刻录机

刻录机简介

　　刻录机分为内置型和外置型两种,外置型为USB接口,目前普遍应用的多为内置型,其外形如同光驱一样,其功能除了能像普通光驱读取光盘之外还可以进行光盘的刻录。刻录机的安装与普通光驱安装方法一样,在这里不进行赘述,而进行光盘刻录则主要用Nero软件实现。

刻录机的功能

　　下面就为大家介绍一下Nero软件的主要功能。注:本书所使用的刻录软件及版本为Nero 6.6.0.14。

1.Nero StartSmart主界面

　　首先,先进入Nero的主界面(在桌面或程序文件夹中点击Nero StartSmat),这时桌面上就会出现图中所显示的界面。Nero提示大家选择要刻录的光盘类别。选项中有CD/DVD、CD、DVD和HD-BURN,一般用户最好选择CD/DVD,这样就可以让Nero自动识别CD/DVD刻录盘了。

2.Nero StartSmart扩展菜单

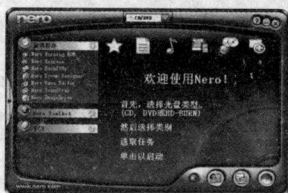

　　在主界面的截图中可以看到在界面边框的左端有一个扩展键标识,大家点击扩展键就可以看到和上图一样的扩展菜单,其中有应用程序、实用工具和用户手册。通过应用程序,用户可以直接进入刻录界面和光盘编码设置界面。

3.Nero StartSmart收藏夹菜单

在关闭扩展菜单后，大家点击收藏夹图标，在这里大家通过下属菜单可以直接制作CD音碟或VCD视频光盘，其过程相当简单。

4.Nero StartSmart数据菜单

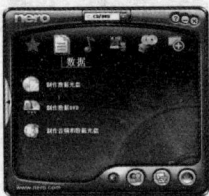

在数据光盘制作选项中，Nero为用户提供了三种数据制作模式，制作数据光盘、制作数据DVD、制作音频和数据光盘，其中最后一项"制作音频和数据光盘"可以将音频和数据直接刻录到一张光盘中，并且可以直接放在CD机中读取音频，为用户提供了很大的便捷。

5.Nero StartSmart音频制作菜单

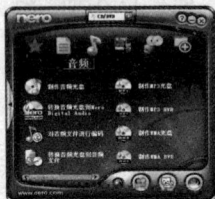

从图中可以看到，Nero为用户提供了很多格式种类的音频光盘制作程序，并且还可以对不同种类的音频文件进行转码和编码，其功能相当的丰富。

6.Nero StartSmart照片和视频菜单

在照片和视频选项中，大家可以通过所提供的应用程序直接制作视频光盘，不过此光盘只能是VCD格式。并且还可以制作超级视频光盘，不过不是大家所期望的DVD影碟，而是SVCD，即超级VCD。在此笔者也期待Nero的下一个版本，可以在StartSmart中直接提供制作DVD影碟的应用程序。

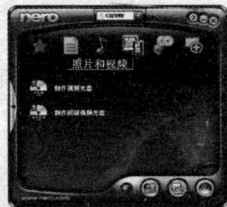

7.Nero StartSmart复制和备份菜单

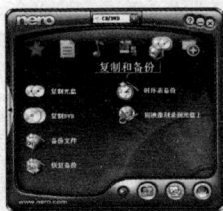

在复制和备份菜单中，Nero为用户提供了相当全面的复制功能，可以直接将CD/DVD上的数据直接复制到另一张光盘中，并且还可以将光盘上的数据转换成备份文件，在有使用需要的时候，就可以直接提取出备份文件了。并且Nero还将映象的刻录功能也归属到了复制和备份的子菜单中。

8.Nero StartSmart其他选项

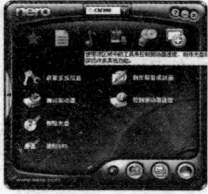

在Nero StartSmart中，还有一个"其他"的选项，在此选项中，用户可以通过应用程序检查自己的系统信息、测试驱动器、擦除可复写式光盘上的数据，并且还能为最新的光雕刻录盘制作封面。

刻录机的使用方法 ╱

以刻录DVD数据光盘为例，为大家演示一下整个光盘刻录的过程。实际刻录操作：在Nero StartSmart的数据菜单中，选择制作数据DVD可以看到以下界面：

1.DVD光盘数据文件缺省界面

图为DVD刻录盘在没有选取任何刻录文件情况下的状态，文件区域内是空的。单击右上角的添加，就会出现下图。

2.文件选择界面

在文件添加界面中，可以直接选取硬盘中的文件夹或文件，然后添加到硬盘中的预刻区上，由于演示的是DVD数据光盘制作工程，因此光盘最大刻录容量为4500MB，可以刻录很多的数据。

3.刻录文件清单

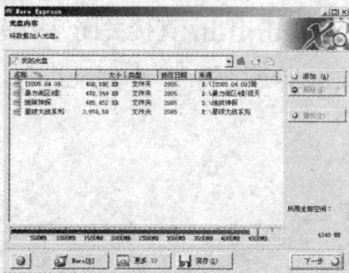

在选择好将要刻录的文件后，点击完成，Nero就会再次跳转到上一级菜单，并且显示出详细的待刻文件清单，而最下面的蓝色长条即为光盘数据容量的刻度显示，右边也用数字直接显示了刻录所用的光盘空间为4340MB，点击下一步进入光盘信息设置界面。

4.光盘刻录信息设置

在此界面中，大家可以为自己将要刻录的光盘进行光盘名称设置和写入速度设置。如果使用的是DVD+R盘片，并且一次没有刻满的话，可以直接在"允许以后添加文件"前打钩，以便光盘下次继续刻录。而"刻录后检验光盘数

据"这个功能, 会导致刻录完成后, 长时间验证盘片数据, 因此推荐不要选此功能。

5.刻录机载入缓存

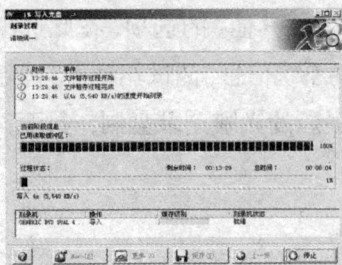

在进行刻录的最开始时, 刻录机会将要刻录的数据转入系统和刻录机自身的缓存当中, 而当上图最下面一栏中的缓存级别为满格时, 刻录才会正式开始。

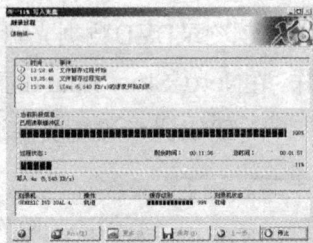

6.正式刻录截图

在图中可以看到缓存级别已经为满格, 刻录正式开始。

7.刻录完毕

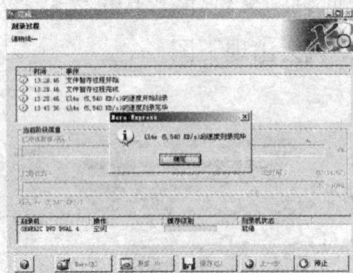

刻录完成后, Nero提示光盘刻录完毕, 此时DVD刻录机中的光盘已经停止转动, 点击确定并进行下一步。

8.Nero退出界面

在光盘刻录完成后, Nero还会询问用户是否再次刻录同一项目的光盘或对光盘进行封面设计。如果用户不想再进行任何操作, 可以点击退出, 直接关闭Nero软件。此时刻录光盘已经被退出刻录机, 整个刻录过程进行完毕。

第十二种　数字化校园电视台系统

数字化校园电视台系统简介 ／

随着数字信息技术的发展，教学多媒体手段的应用拓展了教育的时空界限，提高了学生学习的兴趣、效率和能动性。多媒体教学、计算机教学软件、远程教育等应运而生。因需学习、因材施教、互动教学真正成为可能，传统的教和学的模式正在酝酿重大的突破。"数字化校园电视台"正是推动这种教学变革的一项重要手段，可实现文字、音频、视频、课件等大量教学资源在校园任何场所任何时间进行点播、直播、广播服务的功能。它同传统的闭路电视等电化教学手段不同，具有操作方便、交互性强、资源丰富、符合未来教育技术发展方向等，是现代教育的最佳选择方案。

"数字化校园电视台"是由数字化摄录(包括演播室声学装修)、视频采集、编辑、播出系统等组成，是供学校自行拍摄、制作各种电视节目录像，如领导讲话、优秀示范课、教师访谈录、文艺节目、运动会、实验活动等，并具有现场直播、录播、转播、转录等多种功能。系统内设置摄像机、编辑机、非线编、直播机等系统设备。根据不同的条件、不同的需求，实现学校的多媒体教学应用等多种功能。

系统主要设备及功能 ／

1.摄录设备：数字高清摄录一体机

3片1/3英寸，支持NTSC/PAL，可换镜头系统，支持α镜头，支持标准磁带4.5小时记录，支持CF卡和磁带混合记录，具备HD/SD-SDI等专业接口。

2.采集设备：高清晰度数字录放像机

用户能够选择不同的格式来记录和重放视频内容。同时，它们还配备了下变换功能，可以根据制作需要，在标准清晰度或高清晰度)记录之间进行选择。同时兼容小型磁带和标准磁带，从而可将记录时间延长至276分钟。易于操作，可以与非线性编辑系统配套使用。内置2.7寸×2、16:9液晶屏和一路HDMI数字视音频输出接口，以满足在严格制作环境下的操作需要。能够向非线性编辑系统提供功能极为强大的解决方案。

3.非线性编辑系统

全中文实时高标清编辑平台，提供高质量、全面的多格式混合编辑功能和全新、强大的图文字幕制作功能。

可以快速获取数据化的视频信息，利用新一代总线架构下的CPU+GPU处理引擎，完成复杂的桌面非线性编辑制作。在保证编辑的同时，又提供了强大的图文字幕系统，适用于制作电视节目、长记录片、企业宣传、交互培训，或用于网络的传输数据流。

4.DV特技台

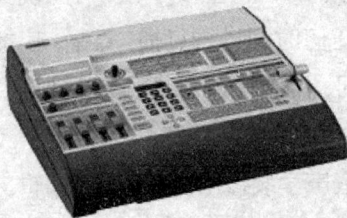

广播级数位影音剪接系统，含四输入数字影像DV端子，多种影像格式转换，并同时支持模拟和DV影像输出。 内建二组4:2:2时基校正器 (TBC)，不需外部参考信号，在切换信号源时，画面无闪动的信号切换。内建SDI数字overlay接口端口.可连接到PC SDI overlay卡上输入PC字幕或将您在PC上制作的图样复制到特技台上进行合成。

5.广播工作室

硬件平台：真正广播级通道指标；真正32位真彩色输出，同屏256级透明度；即插即用，设置全面兼容各类PC环境；硬件支持背景画面的亮度/色度/对比度/油画/负片特技调节便接入特技台、切换台系统。

软件功能：标准Windows应用程序可自由扩充播出字体；所见即所得的用户界面轻松掌握操作使用；多种创作底图背景；多项参数可调的动态特技；无限层全实时字幕播出；实现浮雕、锐化、二值、加光、油画、偏色等图像处理绘画功能；支持曲线路径字幕摆放。

适应制式：PAL

接口方式：复合 (Compsite AV) 输入输出；Y/C (S-Video) 输入输出；预监

(Preview) 或ALPHA键输出。

6.网络视频直播系统

网络视频直播系统是一种多媒体教学网络平台,是将音视频信号采集成数字信号,并经过网络传输的一种流媒体应用。它代表着一种全新的教学方式,轻松实现了影碟机、现场情况、示范教学等节目的直播,并且支持现场直播节目的录制存储,可轻松实现远程网络教学、网络视频会议、远程互动等功能。此系统融合了数字化、网络化的先进思想,突破传统教室对时空的限制,既实现传统课堂教学中老师与学生、学生与学生间的交流,又符合电脑教学轻松、互动的自身特点,从而是一次性教学方式飞跃。

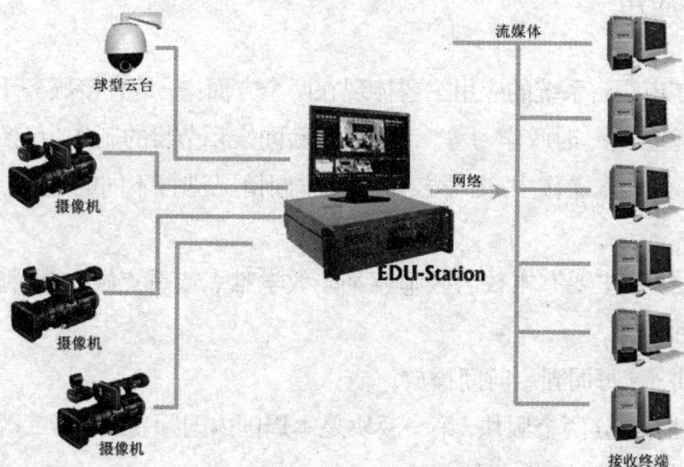

主要特性 ╱

1.稳定性强:支持7×24小时不间断运行;

2.集成度高:集成了软件编码、直播、录制、Web服务、安全认证、录制文件的点播服务等功能;

3.扩展性强:采用模块化的设计思想,能够轻松进行升级。

直播系统详细功能介绍 ╱

1.通过对任务录像及运行规则的配置手动录像、任务录像、全局录像等,完全可以实现7×24小时自动预制录制及排序播出(无人职守),并支持远程录像;

2.用户权限管理设定,可以随时添加用户和删除用户,并对不同的用户设定不同的权限,并支持在线用户信息显示;

3.客户端支持B/S架构(不需要安装任何软件,直接在浏览器中观看)和C/S架构(提供专用分屏播放软件,此软件还具有对视频进行编辑的功能)两种方式进行观看;

4.支持单播(Unicast)、组播(Multicast)及复杂网络自适应功能;

5.系统提供分布转发功能,只需将转发服务器IP地址输入一体机,就能够同时将多个视频上传到多个服务器上进行直播,实现了异地用户的同时收看;

6.系统支持后期简易非线性编辑功能,不需要具有专业的后期编辑经验就可以操作,简单易用。

系统主要应用 /

数字休校园电视台系统的应用主要体现在两个方面:一是直接服务于教育教学,如名师讲座、课堂实录、时政学习等。二是用于新闻娱乐节目的制作,包括新闻报道、才艺表演等。另在具体操作中,各学校可根据不同情况进行不同的选择。具体栏目可以设置如下:

名师授课时间:主要有本校名教师就某一教学难点或重点做专题讲座,也可以聘请校外优秀教师授课。

每周德育讲座:每周固定时间播放。

每周新闻播报:分两个版块,第一版块是本周国内国际新闻,第二版块是本周本校新闻。可以放置在星期五中午播放。

每周校园之星:这是一个给学生提供展示自己才艺的舞台。通过先期录制,随机播放。

第十三种　校园智能广播系统

校园智能广播系统简介 /

校园智能广播系统集作息讯号、学校广播、背景音乐、电源控制等多种功能于一体，能使您的校园真正实现无人值守全自动广播。在以音乐（或音乐铃声）代替学校上下课铃声的同时，可以进行名歌名曲欣赏，从事英语听力学习，转播广播电台节目等，从而陶冶学生情操，营造良好校园环境。而系统的多路分区多路电源控制功能，十分适合大规模学校的使用。

校园智能广播系统的主要特点与功能 /

（一）主要特点

1.系统以计算机为核心，数字通讯技术为基础实现节目的编辑、自动播出和自动控制等，整体先进程度较高；

2.系统配置了遥控播放装置和无线话筒系统，可以远距离控制乐曲的播放进程和进行远距离讲话，非常适合升旗仪式与广播操集合等活动时使用；

3.多路分区多路电源控制器为大规模学校而设计，十分有利于大校区的使用。

4.系统配套的智能广播控制器具有多分区和多路智能控制电源，在软件的统一管理下，实现对每一作息项播放的自动分区和电源自动开、闭的操作。

（二）主要功能

1.系统全自动运行：早上第一个作息项播放前，自动打开电脑主机，晚上，最后一个作息项播放完后，自动退出软件并关闭电脑，在每个作息项播放前后，自动管理设备电源的开、关。

2.歌曲、音乐的自动播放，实现由音乐代替铃声，定时播放广播操、眼保健操和校园背景音乐；

3.多套作息表的编辑与保存，如春季作息表、秋季作息表等。并调用其中一个为当前执行作息表；

4.一周可以设置七套节目（每天可以不同）循环播放，每天可以放置几十条或上百条作息项，每一作息项的长度任意设定，从一秒到整曲，从一曲到几十曲，满足各种播放控制的需要；

5.支持多种音乐文件格式，具有自动调整各种音乐文件音量的功能；

6.多种播放模式：按预置的作息表进行自动播放、手动广播，即时选曲播放等。

系统的主要设备 ／

系统设备主要有：多媒体电脑、自动广播控制软件、智能广播控制器、广播中心控制桌、定压功放、室外音柱、草坪音箱、室内广播箱等组成。

1.媒体电脑：C1.0G/10G/128M/15″/24X以上配置；

2.自动播放控制软件；

3.智能广播控制器；

4.遥控子系统；

5.室外音柱：

(1) 田径场采用24系列的大音柱，铝合金外壳，不锈钢面罩，每只功率90W左右。

(2) 其他部分采用20系列，铝合金外壳，ABS防雨面罩，每只功率30W。

6.音坪音箱：采用草坪音箱，每只额定功率15W-20W；

7.室内广播音箱：采用广播箱，每只额定功率5W。

8.广播中心控制桌：具有二路话筒放大，二路线路输入，三个立体声输入，二路输出，互为备份，设有调谐头及进口双卡座。

第三篇 办公自动化设备

第十四种　读卡器

读卡器简介 ╱

我们都知道电脑、数码产品、家电等各种不同的产品之间需要一种通用的储存介质来进行数据交换，而目前使用Flash RAM（闪存存储器）的存储产品无疑是应用最为广泛的。与传统存储器相比，闪存有着小巧轻便、防尘抗震等优点，被广泛应用于数码相机、MP3播放器等产品上。随着数码产品的飞速发展和普及，我们经常要做的一件事就是数码产品之间的数据交换，读卡器就是完成这样功能的产品。顾名思义，读卡器就是读取存储卡的设备。

读卡器的使用 ╱

(一) 读卡器的安装

首先把你的存储卡插到读卡器上（插到什么位置，大家看卡槽的大小。次接触点在哪里来确定反正），与电脑连接后就会在右下角的方向上显示发现新的硬件（XP自动安装程序），安装好以后会有提示可以使用了。右下角的通知区域显示一个带有绿色箭头的小图标（左起第一个）。

打开我的电脑，就会有图标的显示，如下图：

有可移动存储的设备

DVD-RW 驱动器 (G:)　　Kingston(H:)

安装后就可以与计算机交换数据了。

（二）读卡器的卸载

1.在通知区域用鼠标的左键点击读卡器的小图标，会出现下面的这个提示框。点击这个框后就会有提示，可以安全地拔掉读卡器。

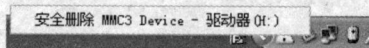

2.在通知区域用鼠标的右键点击读卡器的小图标会出现下面的这个提示框。

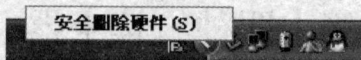

3.点击这个提示框就会出现一个大的选择框，如下图。

4.选择你要卸载的卡点击停止，就会出现以下的框。

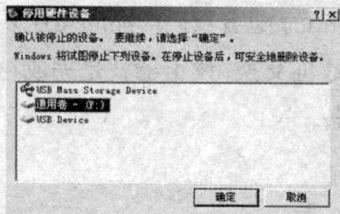

5.点击确定以后也会出现提示的，出现提示后就可以拔了。

（三）注意事项

1.在进行读取数据的时候千万不能插拔读卡器。

2.卸载读卡器的时候一定要把读卡器打开的页面关掉，否则可能卸载不了。

3.发现页面都关掉的话还是卸载不了，打开我的电脑刷新几下再卸载看看。

读卡器常见问题及解决方法 ╱

（一）读卡器读不出内存卡

一般是内存卡与读卡器接触不良，电脑只识别了读卡器，没有连接到内存卡。看看内存卡插好了没有，连接好内存卡后，读卡器的指示灯会点闪几下。很多读卡器都会出现这种情况。

读卡器里面有个半导体和USB插槽相连接的部位，但因为读卡器反复插拔引起连接部位的磨损导致接触不良，所以有时会出现读不出卡的时候。

2.手机上能用，电脑上不能读卡

读卡器是好的，但是内存卡在电脑上读不了，却在手机上能读出。出现这种情况肯定是内存卡在手机上设了密码，只有进入手机的内存卡菜单把密码解除后才能在电脑上读取。

3.MMC卡已被写保护

用读卡器读卡时出现提示MMC卡已被写保护的问题。

第一种情况是读卡器是USB2.0的，而电脑的是1.0的。

第二种情况是同样的USB接口上之前接过其他的USB设备。比如移动硬盘，MP3等。

第三种情况就是一台电脑上接了多个USB设备，可能会造成这种情况。

第四种情况是卡或者是读卡器出了问题。

第一种解决的办法是更换硬件设备（不过2.0和1.0之间出现这个问题的几率不是很大。也就是说还是可以读出来的）。比如添加一个2.0的USB扩展口。

第二种解决方法是换一个USB接口。

第三种解决办法是拔掉几个即可。

第十五种　打印机

打印机的简介 /

　　打印机是一种常用的输出设备，在办公中使用的频率越来越高，并且已进入了广大的家庭。目前在市面上常见的打印机品牌主要有爱普生 (EPSON)、惠普 (HP)、佳能 (Canon)、利盟 (Lexmark)、方正 (Founder)、三星 (Samsung)、联想 (Lenovo) 等。

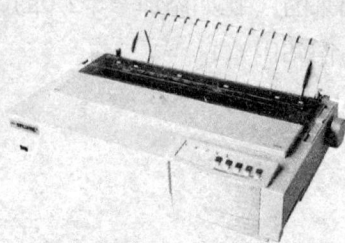

针式打印机

　　打印机从其工作原理上可分为三类：针式打印机、喷墨打印机、激光打印机。针式打印机的性价比高，打印成本低，但噪声大、分辨率低、打印速度慢，主要适用于打印特别介质和对打印质量要求不高的部门。喷墨打印机拥有体积小、操作简单、打印噪音小、打印质量高等优点，主要适用于办公和家庭等对打印要求不太高的用户。激光打印机的打印速度快、分辨率高、打印质量好、不褪色，但是价格较贵、打印成本高，适用于对打印质量要求高、打印速度要求快的用户。

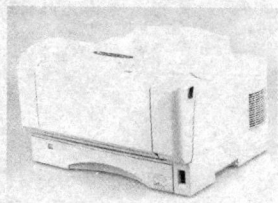

激光打印机

打印机与计算机连接的接口有并口、串口、USB接口三种，而USB接口以其数据传输速度快，支持热插拔等特点，目前在各类外部设备中的使用越来越广泛。下面以USB接口的EPSON ME 1+为例说明打印机的安装。

打印机的安装方法 ／

（一）连接打印机至计算机

USB接口的打印机一端是普通USB接口，如图（1）所示，用来连接计算机；另一端是方形USB接口，如图（2）所示，用来连接打印机。将它们分别连接到计算机和打印机上，再将电源线接好即可。

打印机串行接口　图（1）　　　　　　打印机USB接口　图（2）

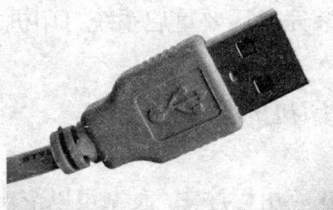

（二）装驱动程序

检查打印机与计算机已连接好，并关闭打印机电源，在安装过程中如果操作系统检测到新硬件并提示安装驱动程序，在此可以单击"取消"按钮，然后从光盘安装驱动程序。

将打印机驱动光盘放入光驱，一般会自动运行。如果光盘不能自动运行，可打开光盘，运行光盘上的文件"EPSetup.exe"。

注意：在安装打印机的驱动程序之前一定要先将系统的各种防病毒软件关闭。

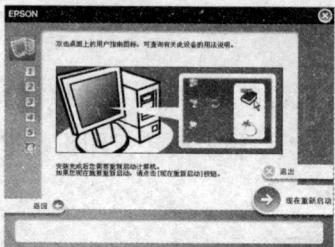

安装完成后要重启系统打印机才能使用。

打印机的使用 /

1.在应用程序中，大家可以依次执行"文件"/"打印"命令，来打开打印机的"属性"对话框；

2.在该对话框中，大家用鼠标单击其中的"高级"标签，在随后出现的标签页面中选中"使用时间"选项，并在其中设置好打印的起止时间；

3.再用鼠标单击设置对话框中的"确定"按钮就能使设置的参数生效了，以后大家可以随时增加打印文件到打印队列中，但是在设定的打印起始时间之前，不会有任何文件进行打印；不过，大家需要注意的是，在设定的打印时间内，要确保执行打印任务的打印机要处于开机状态；

4.除了能对当前的打印任务设置定时打印的时间，大家也可以对打印队列中的某一文件指定其打印时间，而不需要对所有队列中的文件都一一设置；

5.设置这种打印时间时，可以用鼠标双击"打印机"或者"打印机和传真"窗口中的指定打印机图标，随后系统将弹出一个标题为"打印队列"的设置界面；

6.双击队列中需要进行定时打印的一个任务文件，随后大家将看到一个与该打印任务对应的"文档属性"对话框；

7.单击该对话框中的"常规"标签，并在后面出现的标签页面中，找到"时间安排"设置项目，然后将该项目中的"仅从"选项选中，再在其中指定该打印任务的打印起止时间就行了。上面的设置法常适用于网络打印，而且在Windows2000/XP系统环境下大家才能进行这样的设置。

打印机使用的常见问题与排除方法 /

(一) 打印机开机后没有任何反应

电源供电不良、电源线连接不牢固：关闭打印机，检查供电电源是否正常，检查开关电源是否有电压输出，重新连接电源线，确定插头安插牢固；检查电源电路中的开关是否损坏。

(二) 发出打印命令后打印机没有响应，或指示灯闪亮但不打印

1.数据线连接不牢固或断路：重新连接数据线，确保接口、插头安插牢固，如不能排除故障可以尝试更换数据线。

2.计数器累计的废墨量达不到上限值：喷墨打印机一般都有一个废墨垫，用来吸收打印头清洗时排出的废墨。打印机清洗所消耗墨水量是受控制的，计数器将每次打印头所耗墨水量叠加。当计数器累计的废墨达到所规定的上限后，打印机就会停止工作，防止废墨垫满后墨水滴落到打印机内部。解决的方法是更换一个新的废墨垫，并将废墨计数器清零。

3.打印文档容量过大、打印机内存不足：喷墨打印机不适合连续长时间作业，连续打印多面文档，建议分时段打印。对于页面内容过于复杂的文件，应该适当降低打印分辨率和打印速度，不要超过打印机内存的限制。

4.打印端口设置不当：在"打印属性"设置面板中，可以对打印机的数据接口进行设置。LPT1是打印机端口，单击下方的"端口设置"按钮，可以对当前打印的转接端口进行正确设置。

5.字车被锁定、打印头被异物卡住无法运动：有些打印机设有字车锁定装置，如果上一次关机时字车没有回到初始位置就断电，那么再次开机时字车锁定装置就不能自动释放，导致字车不能移动。因此使用打印机之前必须先解除锁定设置。打印机前盖可以随意翻开，难免掉进异物而阻碍打印头的运动，下达打印命令后，注意听打印机的工作声音是否正常。

6.出现字车驱动电机或控制电路等硬件故障：检查字车驱动电机及其机械传动机构是否出现故障，以及传动齿轮与皮带的啮合、滑轨与字车的结合等是否良好，试着用手推动字车，保证字车可以滑动自如。

(三) 开机后字车来回无规律运动

1.上一次关机操作有误：喷墨打印机关机前，打印头必须回到初始位置，否则打

第十五种 打印机

83

印头无法正确定位,机械传动系统不能正常启动;字车导轨上附着的污物太多造成导轨润滑不好。

2.光电传感器脏污或损坏:打印机字车停车位置有一只光电传感器,它是向打印机主板提供打印小车复位信号的重要元件。此元件如果因灰尘太大或损坏,字车会因打不到回位信号碰到框架,而导致无法使用,一般发生此故障时需要用蘸有少许无水酒精的棉球或软布清洁传感器,如果不能排除则要更换传感器。

3.打印机搁时间太长,机械活动部件过于干涩:若喷墨打印机搁置时间太长,无论是喷头还是喷字车和导轨都易于干涩而出现不良反应。保证喷头内液循环机构的正常运转,字车、导轨的良好润滑更是高品质打印的前提。

第十六种　传真机

随着科学技术的不断发展,现代化的通信手段越来越多,传真机作为通信终端设备在办公自动化领域中的应用已经非常普遍。常用的传真机有热敏纸传真机、普通纸传真机,普通纸传真机又分为色带传真机、激光传真机、喷墨传真机等。

传真机简介 ／

(一) 热敏纸传真机 (卷筒纸传真机)

热敏纸传真机是先扫描即将需要发送的文件,并将需要发送的文件转化为一系列黑白点信息,该信息再转化为音频信号并通过传统电话线进行传送。通过热敏打印头将打印介质上的热敏材料熔化变色,生成所需的文字和图形。这种传真机优点是使用成本低,日常所消耗的就是热敏式传真纸,一般为每卷20—30米,能接收100张A4纸,而且工作原理简单,故障率低。缺点是传真件不能长期保存 (尤其避免日晒),传真纸上的内容一般能保存三个月,时间再长纸上的字迹就会变浅直至无色。所以重要文件必须复印后才能存档。

(二) 普通纸传真机

普通纸传真机使用普通纸作为介质,又分为喷墨、色带热转印和激光类普通纸传真机。

喷墨传真机是由步进马达带动喷墨头左右移动,把从喷墨头中喷出的墨水依序喷布在普通纸上完成列印的工作。所用耗材为墨盒,一个墨盒按标准A4纸5%的覆盖率大概能接收几百张。色带传真机是通过加热转印色带,使涂敷于色带上的墨转印到纸上形成图像。所用耗材为色带,一般每卷能接收150张。激光传真机是利用机体内控制激光束的一个硒鼓,凭借控制激光束的开启和关闭在硒鼓产生带电荷的图像区,此

第十六种　传真机

85

时传真机内部的碳粉会受到电荷的吸引而附着在纸上，形成文字或图像图形。所用耗材为鼓、粉。现在有许多代用品价格不贵，质量也不错，可以降低使用成本。

这三类普通纸传真机中，喷墨和色带的机器较便宜，但耗材成本相对较高，而且传真件质量不如激光的好，整机的故障率也很高。激光类传真机机器价格略高，但单张成本低，现在有许多代用耗材价格不贵，质量也不错，可以降低使用成本，传真效果好，一般大型单位都选择这类传真机。

以上四类传真机中热敏纸传真机的价格比较便宜，具有弹性打印和自动剪裁功能和自动识别模式。此外热敏纸传真机在复杂或较差的电信环境中的兼容性相当好、传真成功率比较高，其缺点是产品功能单一，无法实现电脑到传真机的打印工作和传真机到电脑的扫描功能。而且由于产品设计的缘故，其分页功能比较差，一般只能一页一页地进行传送。而喷墨和激光传真机往往有一体机的倾向，其特性就是功能的多样化。除了普通的传真功能之外，还可以连接电脑进行打印和扫描的操作，有些也可以实现传真保存到电脑中的功能，这样可以最大程度地节省纸张和耗材。喷墨和激光一体机支持的传真接收方式只有自动接收方式和手动接收方式这两种，不支持自动识别功能。

目前市场上还有一些数码多功能机，集传真、打印、复印、扫描等功能于一体，还能彩色传真（前提是接收方和发送方必须都具备彩色传真的功能）。但功能越多，故障率就会越高，而且耗材成本也会很高。

传真机的安装方法

使用前，数据线、记录纸的安装、某些机型带有语言芯片录音功能、卡纸的处理。

1.使用前：请仔细阅读使用说明书，正确地安装好机器，包括检查电源线是否正常、接地是否良好。机器应避免在有灰尘、高温、日照的环境中使用。

2.数据线：有些机型的数据线用的是4芯线，而有的用的是3芯线，这两种连接如错误，则传真机无法正常通信。

（1）线路通信质量的简单判断：当线路通信质量差时，进行传真可能会引起文件内容部分丢失，字体压缩或通信线路中断。

（2）判断方法：摘机后听拨号音是否有异常杂音。如"吱吱"声或"咔咔"声。

3.记录纸的安装：记录纸有两种，传真纸(热敏纸)和普通纸(一般为复印纸)。a.热敏纸原理：在基纸上涂上一层化学涂料，常温下无色，受热后变为黑色，所以热敏纸有正反面区别，安装时须依据机器的示意图进行。如新机器出现复印全白时，故障原因可能是原稿放反或热敏纸放反。b.普通复印纸的选择：普通纸传真机容易出现卡纸故障，多数是由于纸张质量引起。一般推荐纸张重量为80g/m²，并且要干燥。

4.某些机型带有语言芯片录音功能：该功能须一节安装于机内的9V叠层电池支持工作，如传真机工作电源断开后，该电池独立工作20小时后电量将被放尽，面板液晶显示"无电池"或"请更换电池"，因此建议该种机型24小时连续加电工作。

5.卡纸的处理：(1)原稿卡纸，如显示"DOCUMENTJAM"等。如强行将原稿抽出，易引起进纸机构损坏。解决方法：掀开面板，将原稿抽出或将面板下自动分页器弹簧掀开(详见各机器使用说明书)，将纸取出。(2)记录纸卡纸，故障原因是记录纸安装不正确、纸质量差、切纸刀故障。解决方法：a.正确安装记录纸。b.选用高质量记录纸。c.对于切纸刀引起的卡纸，打开记录纸舱盖时不能过于用力。如打不开，则可以将机器断电后再加电，一般问题可以解决，切记不可强行打开，否则极易引起切纸刀损坏。

传真机的使用 /

下面以热敏纸传真机为例介绍一下传真机的使用。

1.发送传真

将文件正面朝下放入文件送纸器，调整好送纸器的宽度以适合纸张大小，文件的顶部边缘应首先插入送纸器。然后通过按数字键拨打接收方传真机的号码，等待连接。如果对方为自动接收状态会直接听到传真信号音；如果对方有人接听，请告诉他们按下他们的启动键。听到传真信号音后，按下启动/复印键，将听筒放回原位。传送完成后传真机将发出一次"哔"声。

2.接收传真

在接收传真的方式上，一般的传真机都会提供几种接收方式，有自动识别模式、外接答录模式、传真模式、电话模式。将接收模式设定为传真后，传真机将在两次振铃后自动应答所有呼叫，并接收发过来的传真，不需要人为操作；将接收模式设定为电话后，必须拿起传真机听筒或连接至同一线路的分机电话来接听所有呼叫，在对方要求传真时按下启动/复印键再放下听筒即可；将接收模式设定为自动识别后传真机将在两次振铃后自动应答所有呼叫，在应答呼叫后，传真机会监控线路约五秒钟，以查看是否正在发送传真信号音。

3.复印

将文件正面朝下装入送纸器，按启动/复印键。

传真机的常见问题及解决方法 /

(一) 热敏纸传真机

(1) 接收到的文件是白纸。一般这种情况多发生在刚换完传真纸，原因是传真纸装反了，因为传真纸的一面含化学成分，而另一面不含，如果装反了，热敏头接触不到含有化学成分的那面，自然就出不来字了。还有一种可能就是发件方把原稿放错面了。最坏的可能就是传真机的热敏头坏了，这种情况出现的机率很小，而且如果真是热敏头坏了，一般是建议报废了，因为维修费用可能足够买台新机器了。

(2) 原稿卡纸。这种情况一般出现在使用年限比较长的老机器上，原因多是原稿搓纸部件老化，因为这部分零件是橡胶制品，即使平时使用不多，也会老化。一般可以用湿布擦拭或请专业人员更换相关部件。还有一种原因就是所发的原件尺寸不规则，搓纸部件受力不均所致。对于太小的原件最好复印成A4纸再发送。

(3) 出纸卡纸。这种情况一般带自动裁纸的传真机容易出现。原因多是裁纸刀离位堵住出纸口所致。解决方法是重新开关电源，如果不行，只能请专业人员拆机重装。

(二) 普通纸传真机

卡纸或搓多张。一般是搓纸组件老化，更换即可。传真件一边深一边浅或者出白道。这种情况多发生在激光类传真机，一般是鼓粉到寿命了，取出轻摇几下还能坚持几十张，不成就换新耗材。还有一种可能是扫描玻璃脏了，清洁一下即可。传真件背面脏，有重影。或者出现代码，停止工作。这种情况多发生在激光类传真机，一般是定影组件故障，更换即可。

第十七种　扫描仪

扫描仪简介 /

扫描仪是一种高精度的光电一体化的高科技产品。它是将各种形式的图像信息输入到计算机的重要工具,是继键盘和鼠标之后功能强大的第三代计算机输入设备。

扫描仪的种类很多,通常人们把扫描仪分为手持式、台式和滚筒式3种。按扫描图像的类别,又可把它分为黑白扫描仪和彩色扫描仪等。

手持式扫描仪的重量轻、体积小、易于携带,但其扫描精度低、扫描幅面窄。

台式扫描仪又称平板式扫描仪,这种扫描仪具有价格低、体积小等优点,扫描精度能满足一般的非专业用户需求,因此成为目前家庭及办公领域的主流产品。

滚筒式扫描仪价格较高,主要应用于专业领域。

扫描仪的安装方法 /

(一) 连接扫描仪至计算机

目前,扫描仪一般都采用USB接口,它的连线、连接方法与打印机相同。

(二) 安装驱动程序

连接好扫描仪后,系统会自动检测到新硬件,并提示安装驱动程序,在此可以单击"取消"按钮,然后从光盘安装驱动程序。

安装完驱动程序后,系统会提示重启计算机,重新启动后,扫描仪即可使用。

扫描仪的使用方法 /

(一) 扫描图像

驱动装好后,用应用软件来获得扫描仪扫描的图像,最简单方便的就是用Windows系统自带的"画图"软件来进行。自然,也可以用专业的图形图像软件,如Photoshop来获得扫描的图像。下面就用"画图"软件为例,讲解如何获得扫描的图像。

1.在Windows XP操作系统下,单击"开始"—"所有程序"—"附件"—"画图",弹出"画图"软件的窗口。

2.单击"文件"菜单栏上的"从扫描仪或照相机"命令,弹出扫描仪的窗口。

3.窗门里面有4个选项,对应我们要扫描的原稿类型。如果要扫描一张彩色照片,就选择"彩色照片"项,把照片放到扫描仪中,盖上盖子,并单击"预览"按钮。此时扫描仪就开始预览,对扫描的图片出现在右侧的预览框中。

4.移动、缩放预览框中的矩形取景框至合适大小、位置。选择要扫描的区域。选择好后,单击"扫描"按钮,此时扫描仪就开始扫描,屏幕显示扫描进度。

5.扫描完成后,图片就出现在"画图"软件窗口的图片编辑区域,就可以对图片进行修改、保存等操作。

(二) 扫描文字

扫描仪还有个非常有用的功能,即文字识别CCR功能 (Optical Character Recognition,光学字符识别) ,把印刷体上的文章通过扫描,转换成可以编辑的文本,这样大大方便了文字录入工作者。要实现文字识别,除了安装好扫描仪的驱动和扫描仪的应用软件外,还要安装CCR文字识别软件才可以。

目前,市场上的中英文文字识别软件很多,比如清华紫光的CCR,丹青、尚书、汉王等文件识别软件。CCR软件的种类虽然很多,但其使用方法大同小异,首先要对文稿进行扫描,然后进行识别。一般说来,有以下几个步骤:

1.扫描文稿

为了利用CCR软件进行文字识别,可直接在CCR软件中扫描文稿。运行CCR软件后,会出现CCR软件界面。

将要扫描的文稿放在扫描仪的玻璃面上,使要扫描的一面朝向扫描仪的玻璃面并让文稿的下端朝下,与标尺边缘对齐,再将扫描仪盖上,即可准备扫描。点击视窗中的"扫描"键，即可进入扫描驱动软件进行扫描，其操作方法与扫描图片类似。扫描后的文档图像出现在CCR软件视窗中。

2.适当缩放画面

文稿扫描后，刚开始出现在视窗中的要识别的文字画面很小，首先，选择"放大"工具，对画面进行适当放大，以使画面看得更清楚。必要时还可以选择"缩小"工具，将画面适当缩小。

3.调正画面

各类CCR软件都提供了旋转功能，使画面能够进行任意角度的旋转。如果文字画面倾斜，可选择"倾斜校正"工具或旋转工具，将画面调正。

4.选择识别区域

识别时选择"设定识别区域"工具，在文字画面上框出要识别的区域，这时也可根据画面情况框出多个区域。如果全文识别则不需设定识别区域。

5.识别文字

单击"识别"命令，则CCR会先进行文字切分，然后进行识别，识别的文字将逐步显示出来。一般识别完成后，会再转入"文稿校对"窗口。

6.文稿校对

各类CCR软件都提供了文稿校对修改功，能初识别出可能有错误的文字，用比较鲜明的颜色显示出来，并且可以进行修改。有些软件的文字校对工具可以提供出字形相似的若干字以供挑选。

7.保存文件

用户可以将识别后的文件存储成文本（TXT）文件或Word的RTF文件。

扫描仪常见问题及解决方法 ╱

（一）找不到扫描仪

相信这是最常见的故障。先用观察法看看扫描仪的电源及线路接口是否已经连接好，然后确认是否先开启扫描仪的电源，然后才启动计算机。如果不是，可以按Windows"设备管理器"的"刷新"按钮，查看扫描仪是否有自检，绿色指示灯是否稳定地亮着。假若答案肯定，则可排除扫描仪本身故障的可能性。如果扫描仪的指示灯不停地闪烁，表明扫描仪状态不正常。这时候可以再重新安装最新的扫描仪驱动程序。同时，还应检查"设备管理器"中扫描仪是否与其他设备冲突（IRQ或I/O地址），若有冲突就要进行更改。记住,这类故障无非就是线路问题、驱动程序问题和端口冲突问题。

(二)扫描仪没有准备就绪

打开扫描仪电源后,若发现Ready(准备)灯不亮,先检查扫描仪内部灯管。若发现内部灯管是亮的,可能与室温有关,解决的办法是让扫描仪通电半小时后关闭扫描仪,一分钟后再打开它,问题即可迎刃而解。若此时扫描仪仍然不能工作,则先关闭扫描仪,断开扫描仪与电脑之间的连线,将SCSI ID的值设置成7,大约一分钟后再把扫描仪打开。在冬季气温较低时,最好在使用前先预热几分钟,这样就可避免开机后Ready灯不亮的现象。

(三)扫描出来的画面颜色模糊

首先通过观察法看看扫描仪上的平板玻璃是否脏了,如果是的话请将玻璃用干净的布或纸擦干净,注意不要用酒精之类的液体来擦,那样会使扫描出来的图像呈现彩虹色。如果不是玻璃的问题,请检查扫描仪使用的分辨率是多少,如300dpi的扫描仪扫1200dpi以上的影像会比较模糊。因为300dpi的扫描仪扫1200dpi相当于将一点放至四倍大。另外,请检查显示器设置是否为16bit色或以上。如果是扫描一些印刷品,有一定的网纹造成的模糊是可以理解的,处理方法可以用扫描仪本身自带的软件,也可以用Photoshop等图像软件加以处理。

(四)输出图像色彩不够艳丽

遇到这种故障,我们首先可以先调节显示器的亮度、对比度和Gamma值。Gamma值越高,感觉色彩的层次就越丰富。我们可以对Gamma值进行调整。当然,为了求得较好的效果,你也可以在Photoshop等软件中对Gamma值进行调整,但这属于"事后调整",我们可以根据扫好的照片的具体情况进行Gamma值的调整。在扫描仪自带的软件中,如果是普通用途,Gamma值通常设为1.4;若是用于印刷,则设为1.8;网页上的照片则设为2.2。还有就是扫描仪在使用前应该进行色彩校正,否则就极可能使扫描的图像失真;此外还可以对扫描仪驱动程序对话框中的亮度/对比度选项进行具体调节。

扫描仪的问题通常出自扫描效果,这往往也是软件故障之一,不同的扫描仪对这些软件故障有不同的解决办法,可以利用相关软件进行修正。而硬件故障方面主要是接口、线路问题，只要大家连接好线路、设置好端口，用最新的驱动程序，这些问题应该是容易解决的。

第十七种　扫描仪

第四篇　网络资源的利用

第十八种　搜索引擎

搜索引擎是指根据一定的策略、运用特定的计算机程序从互联网上搜集信息，在对信息进行组织和处理后，为用户提供检索服务，将用户检索相关的信息展示给用户的系统。搜索引擎包括全文索引、目录索引、元搜索引擎、垂直搜索引擎、集合式搜索引擎、门户搜索引擎与免费链接列表等。常用搜索引擎有：厚度、谷歌、雅虎、搜狗、有道、中搜等。

下面以使用人群最多的百度搜索为例来介绍一下搜索引擎的使用。

百度简介 ／

百度 (Nasdaq简称：BIDU) 是全球最大的中文搜索引擎，2000年1月由李彦宏、徐勇两人创立于北京中关村，致力于向人们提供"简单，可依赖"的信息获取方式。"百度"二字源于中国宋朝词人辛弃疾的《青玉案·元夕》词句"众里寻他千百度"，象征着百度对中文信息检索技术的执着追求。百度是中国互联网用户最常用的搜索引擎，每天完成6000多万次搜索；也是全球最大的中文搜索引擎，可查询6亿中文网页。

百度的使用方法 ／

(一) 搜索入门

百度搜索简单方便。只需要在搜索框内输入需要查询的内容，敲回车键，或者鼠标点击搜索框右侧的百度搜索按钮，就可以得到最符合查询需求的网页内容。

新闻 **网页** 贴吧 知道 MP3 图片 视频 地图

幼儿教育　　　　　　　　　　　　　　　百度一下

百科　文库　hao123 | 更多>>

97

1.使用多个词语搜索

输入多个词语搜索（不同字词之间用一个空格隔开），可以获得更精确的搜索结果。

例如：想了解吉林市幼儿园的相关信息，在搜索框中输入"吉林市　幼儿园"获得的搜索效果会比输入"幼儿园"得到的结果更好。

（二）图片搜索

1.图片搜索介绍

百度图片搜索引擎是世界上最大的中文图片搜索引擎，百度从8亿中文网页中提取各类图片，建立了世界第一大的中文图片库。截止2004年底，百度图片搜索引擎可检索图片已超过 7 千万张。百度新闻图片搜索从中文新闻网页中实时提取新闻图片，它具有新闻性、实时性、更新快等特点。

2.图片使用入门

在图片搜索框中输入您要搜索的关键字(例如：幼儿园环境布置)，再点击百度搜索按钮，即可搜索出相关的全部图片。

第一步：

输入关键字（例如：幼儿园环境），并点击百度搜索按钮。如果想搜索新闻图片，则需要选中"新闻图片"单选框。

第二步：

在搜索结果页面中，点击合适的图片，可将图片放大观看。

第三步：

如果想看到更多的图片，可以点击页面底部的翻页来查看更多搜索结果。

常见问题及排除方法 /

1.窗体底端

这是网页浏览器的一项功能。进入IE浏览器的相关菜单选项设置:

(1) 如果使用IE4.0浏览器,则由"查看→internet选项→内容→自动完成→清除表单→完成";

(2) 如果使用IE5.0及以上版本的浏览器,则由"工具→internet选项→内容→自动完成→清除表单→完成";

(3) 如果在使用IE浏览器以后不记录查询过的内容,请在"自动完成"设置页面内把"表单"前的选项勾去掉。

2.不能正常访问百度

请先确认其他站点是否能够正常访问。确定网络无故障后,请使用IP地址http://202.108.250.249访问百度,如果可以访问则请在您的电脑中查找hosts文件,用文本编辑器打开,查看是否有 www.baidu.com 的记录项,如有请删除该记录,并重新启动浏览器。可以下载百度提供的修复工具修复hosts文件,也可以将hosts文件发给百度分析;在运行窗口分别运行ipconfig/all, ping www.baidu.com并把结果信息截图发给百度分析。

(1) 使用的是局域网,有些机器不能正常访问百度。

请使用第三方的代理软件,例如wingate等。

(2) 使用浏览器访问百度出现结果乱码等不正常情况。

请先检查是否安装了某些浏览器插件,请卸载后再检查是否正常。如仍不正常,请将结果页截图发送给百度分析。也可以通过即时通讯软件第一时间向百度的工程师反馈不能正常访问百度的具体情况。

搜索特色 /

1.百度快照

如果无法打开某个搜索结果,或者打开速度特别慢,该怎么办?"百度快照"能帮您解决问题。每个被收录的网页,在百度上都存有一个纯文本的备份,称为"百度快照"。百度速度较快,您可以通过"快照"快速浏览页面内容。不过,百度只保留文本内容,所以,那些图片、音乐等非文本信息,快照页面还是直接从原网页调用。如果您无法连接原网页,那么快照上的图片等非文本内容,会无法显示。

2.相关搜索

搜索结果不佳,有时候是因为选择的查询词不是很妥当。您可以通过参考别人是怎么搜的，来获得一些启发。百度的"相关搜索"，就是和您的搜索很相似的一系列查询词。百度相关搜索排布在搜索结果页的下方，按搜索热门度排序。下面是"小说"的相关搜索。点击这些词，可以直接获得它们的搜索结果。

相关搜索　小说阅读网　　好看的小说　　小说下载　　言情小说　　　有声小说
　　　　　穿越小说　　小说排行榜　　小说网　　久久小说网

3.拼音提示

如果只知道某个词的发音，却不知道怎么写，或者嫌某个词拼写输入太麻烦，该怎么办？百度拼音提示能帮您解决问题。只要您输入查询词的汉语拼音，百度就能把最符合要求的对应汉字提示出来。它事实上是一个无比强大的拼音输入法。　拼音提示显示在搜索结果上方。

Baidu百度　新闻 网页 贴吧 知道 MP3 图片 视频 地图 文库 更多»

zhiyedaode　　　　　　　　　　　　百度一下

您要找的不是：职业道德

4.错别字提示

由于汉字输入法的局限性，我们在搜索时经常会输入一些错别字，导致搜索结果不佳。别担心，百度会给出错别字纠正提示。错别字提示显示在搜索结果上方。

Baidu百度　新闻 网页 贴吧 知道 MP3 图片 视频 地图 文库 更多»

陈核琴　　　　　　　　　　　　百度一下

您要找的不是：陈鹤琴

5.英汉互译词典

随便输入一个英语单词，或者输入一个汉字词语，留意一下搜索框上方多出来的词典提示。如，搜索"apple"，点击结果页上的"词典"链接，就可以得到高质量的翻译结果。百度的线上词典不但能翻译普通的英语单词、词组、汉字词语，甚至还能翻译常见的成语，可以通过百度词典搜索界面，直接使用英汉互译功能。

6.计算器和度量衡转换

Windows 系统自带的计算器功能过于简陋，尤其是无法处理一个复杂计算式，很不方便。而百度网页搜索内嵌的计算器功能，则能快速高效地解决您的计算需求。只需简单地在搜索框内输入计算式，回车即可。看一下这个复杂计算式的结果：

$\log((\sin(5))^2)-3+pi$

如果要搜的是含有数学计算式的网页，而不是做数学计算，点击搜索结果上的表达式链接，就可以达到目的。在百度的搜索框中，也可以做度量衡转换。格式如下：换算数量换算前单位＝？换算后单位。

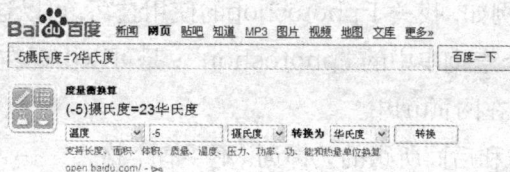

7.专业文档搜索

很多有价值的资料，在互联网上并非是普通的网页，而是以Word、PowerPoint、PDF等格式存在。百度支持对Office文档（包括Word、Excel、PowerPoint）、AdobePDF文档、RTF文档进行了全文搜索。要搜索这类文档，很简单，在普通的查询词后面，加一个"filetype:"文档类型限定。"Filetype:"后可以跟以下文件格式：DOC、XLS、PPT、PDF、RTF、ALL。其中，ALL表示搜索所有这些文件类型。例如，查找张五常关于交易费用方面的经济学论文。"交易费用张五常filetype:doc"，点击结果标题，直接下载该文档，也可以点击标题后的"HTML版"快速查看该文档的网页格式内容。也可以通过百度文档搜索界面直接使用专业文档搜索功能。

8.股票、列车时刻表和飞机航班查询

在百度搜索框中输入股票代码、列车车次或者飞机航班号，就能直接获得相关信息。例如，输入深发展的股票代码"000001"，搜索结果上方显示深发展的股票实时行情。也可以在百度常用搜索中，进行上述查询。

9.高级搜索语法

把搜索范围限定在网页标题中——intitle

网页标题通常是对网页内容提纲挈领式的归纳。把查询内容范围限定在网页标题中，有时能获得良好的效果。使用的方式，是把查询内容中特别关键的部分，用"intitle:"领起来。例如，找幼儿园的教案设计，就可以这样查询：教案设计 intitle：幼儿园。注意"intitle:"和后面的关键词之间，不要有空格。

(1) 把搜索范围限定在特定站点中——site

有时候，如果知道某个站点中有自己需要找的东西，就可以把搜索范围限定在这个站点中，提高查询效率。使用的方式，是在查询内容的后面，加上"site:站点域名"。例如，天空网下载软件不错，就可以这样查询：msn site:skycn.com。

注意："site:"后面跟的站点域名，不要带"http://"；另外，site:和站点名之间，不要带空格。

(2) 把搜索范围限定在url链接中——inurl

网页url中的某些信息，常常有某种有价值的含义。于是，您如果对搜索结果的url做某种限定，就可以获得良好的效果。实现的方式，是用"inurl:"，后跟需要在

第十八种 搜索引擎

101

url中出现的关键词。例如，找关于photoshop的使用技巧，可以这样查询：photoshop inurl：jiqiao上面这个查询串中的"photoshop"，是可以出现在网页的任何位置，而"jiqiao"则必须出现在网页url中。

注意：inurl：语法和后面所跟的关键词，不要有空格。

(3) 精确匹配——双引号和书名号

如果输入的查询词很长，百度在经过分析后，给出的搜索结果中的查询词，可能是拆分的。如果您对这种情况不满意，可以尝试让百度不拆分查询词。给查询词加上双引号，就可以达到这种效果。

例如，搜索蒙氏教学，如果不加双引号，搜索结果被拆分，效果不是很好，但加上双引号后，"蒙氏教学"，获得的结果就全是符合要求的了。

书名号是百度独有的一个特殊查询语法。在其他搜索引擎中，书名号会被忽略，而在百度，中文书名号是可被查询的。加上书名号的查询词，有两层特殊功能，一是书名号会出现在搜索结果中；二是被书名号扩起来的内容，不会被拆分。书名号在某些情况下特别有效果，例如，查名字很通俗和常用的那些电影或者小说。比如，查电影"幼儿园"，如果不加书名号，很多情况下出来的是新闻等其他方面的，而加上书名号后，《幼儿园》结果就都是关于电影方面的了。

(4) 要求搜索结果中不含特定查询词

如果发现搜索结果中，有某一类网页是您不希望看见的，而且，这些网页都包含特定的关键词，那么用减号语法，就可以去除所有这些含有特定关键词的网页。例如，搜幼儿园，希望是关于新闻方面的内容，却发现很多关于电影方面的网页。那么就可以这样查询：幼儿园　电影。

注意：前一个关键词，和减号之间必须有空格，否则，减号会被当成连字符处理，而失去减号语法功能。减号和后一个关键词之间，有无空格均可。

10.高级搜索、地区搜索和个性设置

如果对百度各种查询语法不熟悉，可以使用百度集成的高级搜索界面，可以方便地做各种搜索查询。百度还支持对某个地区的网页进行搜索。进入高级搜索，进入地区搜索，选中希望查询的地区，就可以在该地区搜索了。你还可以根据自己的习惯，改变百度默认的搜索设定，如每页搜索结果数量，搜索结果的页面打开方式等。先进入高级搜索，然后点击下方的"点击此处进入个性设置"，就可以进行设定了。

11.天气查询

使用百度就可以随时查询天气预报，再也不用四处打听天气情况了。在百度搜索框中输入您要查询的城市名称加上天气这个词，您就能获得该城市当天的天气情况。

例如，搜索"吉林天气"，就可以在搜索结果上面看到北京今天的天气情况。百度支持全国多达400多个城市和近百个国外著名城市的天气查询。

搜索技巧 ╱

1.怎样成为搜索高手——选择适当的查询词

搜索技巧，最基本同时也是最有效的，就是选择合适的查询词。选择查询词是一种经验积累，在一定程度上也有章可循：

(1) 表述准确。百度会严格按照您提交的查询词去搜索，因此，查询词表述准确是获得良好搜索结果的必要前提。

(2) 查询词的主题关联与简练。目前的搜索引擎并不能很好地处理自然语言。因此，在提交搜索请求时，您最好把自己的想法，提炼成简单的，而且与希望找到的信息内容主题关联的查询词。

(3) 根据网页特征选择查询词。很多类型的网页都有某种相似的特征。例如，小说网页，通常都有一个目录页，小说名称一般出现在网页标题中，而页面上通常有"目录"两个字，点击页面上的链接，就进入具体的章节页，章节页的标题是小说章节名称；软件下载页，通常软件名称在网页标题中，网页正文有下载链接，并且会出现"下载"这个词等等。经常搜索，并且总结各类网页的特征现象，并应用于查询词的选择中，就会使得搜索变得准确而高效。

这类主题词加上特征词的查询构造方法，适用于搜索具有某种共性的网页。前提是，您必须了解这种共性 (或者通过试验性搜索预先发现共性)。

2.找软件下载

日常工作和娱乐需要用到大量的软件，很多软件属于共享或者自由性质，可以在网上免费下载到。

(1) 直接找下载页面，这是最直接的方式。软件名称，加上"下载"这个特征词，通常可以很快找到下载点。例：flashget下载。

(2) 在著名的软件下载站找软件。由于网站质量参差不齐，下载速度也快慢不一。如果我们积累了一些好用的下载站 (如天空网，华军网，电脑之家等)，就可以用site语法把搜索范围局限在这些网站内，以提高搜索效率。例：网际快车site：skycn.com。

小提示：一旦搜索范围局限在专业下载站中，"下载"这个特征词就不必在查询词中出现了。

3.找问题解决办法

我们在工作和生活中,会遇到各种各样的疑难问题,比如电脑中毒了,被开水烫伤了等等。很多问题其实都可以在网上找到解决办法。因为某类问题发生的几率是稳定的,而网络用户有好几千万,于是几千万人中遇到同样问题的人就会很多,其中一部分人会把问题贴在网络上求助,而另一部分人,可能就会把问题解决办法发布在网络上。有了搜索引擎,我们就可以把这些信息找出来。

找这类信息,核心问题是如何构建查询关键词。一个基本原则是,在构建关键词时,我们尽量不要用自然语言(所谓自然语言,就是我们平时说话的语言和口气),而要从自然语言中提炼关键词。这个提炼过程并不容易,但是我们可以用一种将心比心的方式思考:如果我知道问题的解决办法,我会怎样对此做出回答。也就是说,猜测信息的表达方式,然后根据这种表达方式,取其中的特征关键词,从而达到搜索目的。

总之,搜索引擎给我们提供了寻找事情解决办法的一个途径,通过它,可以帮助我们解决很多事情,也是计算机进入日常生活的一个具体应用。

第十九种　网络资源下载

网络资源下载简介 ∕

在无限广阔的网络世界里，我们除了可以浏览各式各样的信息之外，还有一个重要的功能就是下载自己需要的各种网络资源。所谓下载，就是将网络上的资料保存到自己的电脑上。通过下载，我们可以得到自己喜欢的音乐、电影、游戏、最新版本的应用软件、最新的驱动程序、需要的书籍等等。

目前流行的下载方式主要有WEB下载、BT(Bit Torrent)下载、P2SP下载和流媒体下载四种下载方式，下面我们简单介绍一下它们的工作原理。

1. WEB下载方式

WEB下载方式又可分为HTTP与FTP两种类型，它们分别是Hyper Text TransportationProtocol (超文本传输协议) 与File TransportationProtocol (文件传输协议) 的缩写。它们是两种计算机之间交换数据的方式，也是两种最经典的下载方式，该下载方式的原理非常简单，就是用户通过两种规则 (协议) 和提供下载的服务器取得联系并将需要的文件搬到自己的计算机中来，从而实现了下载。

WEB下载方式常用的软件有FlashGet(网际快车), NetAnt(网络蚂蚁)等。

2. BT下载方式

BT(Bit Torrent)下载实际上就是P2P(Peer toPeer)下载，该下载方式与WEB下载方式是不同的，此模式不需要专用的服务器，而是直接在用户机与用户机之间进行文件的传输，也可以说每台用户机都是服务器，讲究"人人平等"和"我为人人，人人为我"的下载理念。每台用户机在下载其他用户机上文件的同时，还提供被其他用户机下载的功能，所以使用此下载方式下载同一文件的用户数越多，其下载速度就会越快。

BT下载方式常用的软件有BitComet, BitSpirit(比特精灵)等。

3. P2SP下载方式

P2SP下载方式实际上是对P2P(Peer toPeer)技术的进一步延伸和改进，P2SP中的S就代表"Server"(服务器)的意思。这种下载方式不但支持P2P技术，同时还通过多媒体检索数据库这个桥梁把原本孤立的服务器资源和P2P资源整合到了一起，这样下载速度更快，同时下载资源更丰富，下载稳定性更强。

P2SP下载方式常用的软件有Thunder(迅雷)等。

4. 流媒体下载方式

流媒体下载方式是通过RTSP (Real Time StreamingProtocol实时流协议)、MMS (Microsoft Media ServerProtocol 流媒体服务协议)等流媒体传输协议使用特殊的下载软件在流媒体服务器上下载视频、音频文件的一种下载方式。

流媒体下载方式常用的软件有Net Transport(影音传送带)等。

网络资源下载的基本操作 /

(一) 使用IE浏览器下载资源

如果计算机上没有安装下载软件，我们也可以使用IE浏览器直接进行WEB方式的下载。

首先在IE浏览器的地址栏中输入提供软件下载的网站地址进入网站，我们可以通过分类查找或站内搜索等方法找到我们需要下载的软件，然后通过单击链接来完成下载。

单击其中的一个下载链接，系统会自动弹出"文件下载"对话框。单击【保存】按钮，选择一个文件下载后的保存位置。此时，系统会自动下载并且显示下载进度，窗口可以即时显示下载信息。

(二) 网际快车—FlashGet

FlashGet简介

网际快车原名叫作JetCar，从0.76版本开始更名为FlashGet，支持多种国家的语言(包括简体中文)。它可以把一个下载任务分成几个部分并且可从不同的站点同时下载，下载速度可以提高100%到500%。网际快车可以创建不限数目的类别，使下载后文件的管理变得更加轻松，FlashGet的具体功能如下：

最多可把一个下载任务分成10个部分进行同时下载，而且最多可以设定8个下载任务。

◇支持镜像功能（多地址下载）；

◇可创建不同的类别，把下载的软件分门别类地存储管理；

◇可以管理以前已经下载的文件；

◇可以检查已经下载的文件是否更新以及重新下载文件；

◇支持自动拨号、连接，下载完毕后可自动挂断或关机；

◇充分支持代理服务器；

◇可定制工具条和下载信息的显示；

◇下载的多个任务可排序，重要文件可提前下载；

◇多语种支持；

◇计划下载；

◇自动捕获浏览器单击下载链接，完全支持IE和Netscape；

◇具有下载速度限制功能，以保证浏览速度。

（三）BT下载—BitComet

BT下载可以说是目前网络上最流行的P2P文件共享方式，它可以在下载 (download) 的同时，为其他用户提供上传 (upload)，所以不会随着用户数量的增加而降低下载速率，反而下载的用户数量越多，下载速率会越快。使用非常方便，很适合新发布的热门下载。

1.BitComet简介

在众多的BT下载软件中，BitComet是一款功能非常强大的BT下载软件。

◇支持多任务同时下载；

◇在一个下载任务中有选择地进行文件下载；

◇具有磁盘缓存功能，可以减小对硬盘的损伤；

◇只需一个监听端口，方便手工进行防火墙和NAT/Router的配置；

◇在Windows XP下能自动配置支持Upnp的NAT和XP防火墙，续传做种免扫描，速度限制等多项实用功能，以及自然方便的使用界面。

BitComet的安装非常简易，用户根据向导提示即可完成安装，安装完毕后运行其主界面。

2.使用BitComet下载资源

要想使用BitComet进行任务下载，用户首先需要在BT发布网站上找到称为种子的torrent文件，然后就可以下载了。

打开浏览器，通过浏览或站内查找等方法找到需要下载的文件，单击文件名，系

第十九种　网络资源下载

统自动下载此文件的种子文件(torrent)并且弹出"文件下载"窗口。

种子文件下载完毕后系统会自动运行Bitcomet(如果还没有运行的话)并且打开"任务属性"窗口,发现下载任务已经自动添加到任务属性窗口中了。

单击【确定】按钮返回,系统自动进行连接,连接无误后即可开始下载。

3.发布个人BT资源

使用BT软件不仅可以下载网络上的资源,还可以将自己的个人资源发布到站点上供其他人下载分享(涉及到版权的资源除外),具体步骤如下:

(1) 在Bitcomet主界面中执行"文件"→"制作Torrent文件"菜单命令或单击工具栏中的按钮,弹出"制作Torrent文件"对话框。

(2) 在此对话框中,首先用户根据需要选择发布单个文件还是整个目录(上传多个文件时),然后单击【浏览】按钮选择需要发布的文件或文件夹。

(3) 选择好文件或文件夹后单击【打开】按钮返回,然后在"Tracker服务器及DHT网络节点列表"下面的列表框中输入http://bt.5qzone.net:8080/。

(4) 制作完Torrent种子文件后,还需要将种子文件及其相关信息发布到站点上去,以便其他用户查看和下载。

(5) 进入发布种子页面后,在"种子文件"文本框中选择刚才制作的种子文件,在"文件所属分类"下拉列表框中选择资源所属的类型,其他几个选项则自由发挥,全部填好之后单击【开始上传】按钮,至此一个BT资源发布成功。

(四) 迅雷—Thunder

1.Thunder简介

迅雷 (Thunder) 是一款新型的基于P2SP技术的下载软件,能够将网络上存在的服务器上的资源和个人计算机上的资源进行有效的整合,构成独特的迅雷网络。通过迅雷网络,各种数据文件能够以最快的速度进行传递。同时,它还具有互联网下载负载均衡功能,在不降低用户体验的前提下,迅雷网络可以对服务器资源进行均衡,有效降低了服务器的负担。其具体功能如下:

◇全新的多资源超线程技术,显著提升下载速度;

◇功能强大的任务管理功能,可以选择不同的任务管理模式;

◇智能磁盘缓存技术,有效防止了高速下载时对硬盘的损伤;

◇智能的信息提示系统,根据用户的操作提供相关的提示和操作建议;

◇独有的错误诊断功能,帮助用户解决下载失败的问题;

◇病毒防护功能,可以和杀毒软件配合,保证下载文件的安全性;

◇自动检测新版本, 提示用户及时升级更新软件;

◇提供多种皮肤, 用户可以根据自己的爱好进行选择。

2.使用Thunder下载资源

(1) 下载安装Thunder

Thunder的安装非常简单, 用户可以到其官方网站或其他提供下载的网站下载。下载完毕后, 执行迅雷安装程序, 并按照安装向导的提示一步一步地进行安装, 安装完毕后运行其主界面。

(2) 使用Thunder下载资源

在下载网站中, 通过浏览或站内搜索等方法找到需要下载资源的下载页面, 然后在下载链接地址上单击鼠标右键, 则弹出快捷菜单。

在快捷菜单中, 选择"使用迅雷下载"菜单命令, Thunder会自动运行(如果还没有运行的话)并且打开"建立新的下载任务"对话框。

同FlashGet一样, Thunder在下载过程中, 其悬浮窗显示当前正在下载任务的进度, 其主界面也会显示下载任务的各种状态信息。

3.Thunder任务管理

(1) 任务分类说明

Thunder主界面的左侧就是任务管理窗口, 其结构是一个目录树, 分为"正在下载"、"已下载"和"垃圾箱"三个分类, 用鼠标左键单击一个分类就会看到这个分类里的任务。

(2) 更改默认的文件存放目录

Thunder安装完成后, 会自动在C盘上建立一个"download"目录, 用来存放下载的文件(路径为C:\download)。如果用户希望把下载的文件存放到其他路径, 如"D:\下载", 那么就需要用鼠标右键单击任务分类中的"已下载"分类, 然后在弹出的快捷菜单中选择"属性"菜单命令, 则打开"任务类别属性"对话框。更改默认目录为"D:\下载", 然后单击【确定】按钮即可。

第二十种　网络社交平台

　　社交网络源自网络社交，网络社交的起点是电子邮件。互联网本质上就是计算机之间的联网，早期的E-mail解决了远程的邮件传输的问题，至今它也是互联网上最普及的应用，同时它也是网络社交的起点。BBS则更进了一步，把"群发"和"转发"常态化，理论上实现了向所有人发布信息并讨论话题的功能（疆界是BBS的访问者数量）。BBS把网络社交推进了一步，从单纯的点对点交流的成本降低，推进到了点对面交流成本的降低。即时通信（IM）和博客（Blog）更像是前面两个社交工具的升级版本，前者提高了即时效果（传输速度）和同时交流能力（并行处理），后者则开始体现社会学和心理学的理论——信息发布节点开始体现越来越强的个体意识，因为在时间维度上的分散信息开始可以被聚合，进而成为信息发布节点的"形象"和"性格"。比如从RSS、flickr到最近的YouTube、Digg、Mini-feed、Twitter、Fexion、Video-Mail都解决或改进了单一功能，是丰富网络社交的工具。

　　随着网络社交的悄悄演进，一个人在网络上的形象更加趋于完整，这时候社交网络出现了。

E-mail

（一）E-mail简介

　　电子邮件（electronic mail，简称E-mail，标志:@，也被大家昵称为"伊妹儿"）又称电子信箱、电子邮政，它是一种用电子手段提供信息交换的通信方式。是Internet应用最广的服务：通过网络的电子邮件系统，用户可以用非常低廉的价格（不管发送到哪里，都只需负担电话费和网费即可），以非常快速的方式（几秒钟之内可以发送到世界上任何你指定的目的地），与世界上任何一个角落的网络用户联系，这些电子邮件可以是文字、图像、声音等各种方式。同时，用户可以得到大量免费的新闻、专题邮件，并实现轻松的信息搜索。这是任何传统的方式也无法相比的。正是由于电子邮件的使用简易、投递迅速、收费低廉，易于保存、全球畅通无阻，使得电子邮件被广泛地应用，它使人们的交流方式得到了极大的改变。另外，电子邮件还可以进行一对多的邮件传递，同一邮件可以一次发送给许多人。最重要的是，电子邮件是整个网间网以至所有其他网络系统中直接面向人与人之间信息交流的系统，它的数据发送方和接收方都是人，所以极大地满足了大量存在的人与人通信的需求。

（二）E—mail的使用方法

（一）Web—based mail的收发

下面以免费邮箱网易163为例，介绍电子邮件的使用。

1.点击"注册"进入163免费邮箱。

2.填好信息，点击"立即注册"，进入163信箱。

3.点击"写信"，进入书写邮件界面。

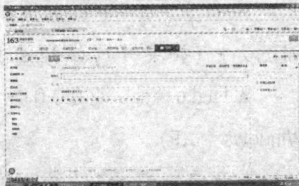

（1）在"收件人"文本框中输入收件人邮件地址，单击"收件人"按钮，然后从邮件列表中选择收件人。如果要同时写给多个收件人，则在每个收件人之间用分号隔开。

（2）在"主题"文本框中输入该邮件的主题名称。

（3）在邮件主体文本框中输入信件内容，可以插入图片或其他对象，也可以利用剪板粘贴对象到邮件中。

(4) 如果需要传送文件，也可以添加附件 (注意附件的最大容量，超过最大容量无法发送)。

4.电子邮箱中各栏目功能

信箱栏目	说明及介绍
收件箱	这是存放邮件的地方，您可以随时按下收件箱来阅读邮件。
草稿箱	如果邮件尚未编辑完成，可以先将它存放在草稿箱中，日后只要点击"草稿箱"内的该封邮件，就可以继续编辑邮件。
已发送	会储存每封寄出去的邮件副本，通常邮件真正送出之后，才会储存到"已发送"中。
已删除	删除的邮件会先存放在此，一段时间之后可以清空垃圾桶内的邮件。

QQ

(一) QQ简介

腾讯QQ是深圳市腾讯计算机系统有限公司开发的一款基于Internet的即时通信 (IM) 软件。QQ界面如下图所示。腾讯QQ支持在线聊天、视频电话、点对点断点续传文件、共享文件、网络硬盘、自定义面板、QQ邮箱等多种功能。并可与移动通讯终端等多种通讯方式相连。您可以使用QQ，方便、实用、高效地和朋友联系，而这一切都是免费的。

(二) QQ的安装方法

1.系统要求

系统要求	
计算机和处理器	处理器800MHz以上 (如果开启视频至少1GHz)
操作系统	Microsoft Windows 2000sp1 或更高版本 (建议使用 Microsoft Windows XP)
内存	128MB以上 (如果开启视频至少256MB)
硬盘	安装需要100MB的硬盘空间，运行需要50MB空余空间
显示器	最小 800 x 600 (建议使用 1024 x 768) 屏幕分辨率
浏览器	您的计算机上应该安装了 Microsoft Internet Explorer 6 或更高版本，但是不一定要设置为默认浏览器。
Internet 连接	互联网接入 (宽带接入效果最佳，无线接入质量降低，模拟线路不建议使用)

注：若要使用语音视频聊天功能，还需配置声卡、音箱、话筒、摄像头等多媒体设备。

2.下载与安装QQ软件

进入QQ的官方网站，下载软件进行安装。

(三) QQ的使用方法

1.登录QQ客户端

运行QQ，输入QQ号码和密码即可登录QQ。

注：输入绑定的邮箱地址也可以直接登录QQ客户端。

2.申请注册QQ号码

3.查找添加QQ好友

新号码首次登录时，好友名单是空的，要和其他人联系，必须先要添加好友。成功查找添加好友后，你就可以体验QQ的各种特色功能了。

第一步：先点击主面板右下角查找按钮；

第二步：好友查找分为精确查找与按条件查找，可以根据实际情况进行选择；

第三步：找到好友之后选择添加好友，将好友存放到设立的分组中；

第四步：添加成功在好友分组中查看好友。

注：部分QQ用户设置了添加验证功能，需要输入验证信息争得对方的同意才可以添加成功。

4.发送即时消息

双击好友头像或右击好友头像选择发送即时消息,在聊天窗口中输入消息,点击"发送",即可向好友发送即时消息。

QQ的功能 ／

(一) 基本功能

1.好友管理器

QQ主面板主菜单中新增好友管理器功能,可以轻松地对好友进行批量移动分组、删除、设置隐身权限、一键备注等操作。也可以通过好友"所在地""出生年代""性别"三个维度视图化查看好友情况,并可以一键发送到微博。

2.多账号同时登录

打开QQ登录框,会发现新增了"多账号"按钮,点击进入后可以多账户同时登陆。

3.群消息记录支持漫游

为了解决用户在更换电脑后查看不到群消息记录而烦恼问题,QQ群新增添了消息记录漫游功能,只需群主开通就可让您随时随地查看群消息。

4.QQ硬盘功能

打开应用盒子,点击QQ硬盘进入,可以直接拖拽上传下载文件,也可以切换到精简模式进行。QQ硬盘功能可以代替U盘进行交换电脑时的信息传递,起到中转站的作用 (注: QQ硬盘的容量有限,一般非会员为2G容量) 。

(二) 好友管理

1.好友恢复系统

QQ好友 (群) 恢复系统是腾讯公司提供的一项找回QQ联系人的服务,向所有QQ用户免费开放。当用户的QQ账号不慎丢失后,如果QQ好友或QQ群的资料被盗号者恶意删除，将导致被盗用户的关系链丢失，用户即使通过申诉等途径找回QQ也会造成较大的损失。恢复好友服务专门为遇到此类难题的用户提供帮助。

2.利用"我的QQ中心"进行好友管理

为了更好地打理QQ上的好友及相关资料，腾讯公司提供了"我的QQ中心"平台帮助用户进行好友管理。我的QQ中心提供了好友管理、好友恢复等多项功能。实现了批量删除、移动好友，单身好友的删除及其他操作，同时可以设置个人资料、查看账号信息、了解好友动态等更多增值功能。

3.好友备注

为了便于识别好友，提供了好友备注功能，可以根据自己的方式备注好友的名称，不论好友换任何昵称，您都可以一眼认出。

微博 ╱

（一）微博的简介

微博，即微博客（MicroBlog）的简称，是一个基于用户关系的信息分享、传播以及获取平台，用户可以通过WEB、WAP以及各种客户端组建个人社区，以140字左右的文字更新信息，并实现即时分享。最早也是最著名的微博是美国的twitter，根据相关公开数据，截至2010年1月份，该产品在全球已经拥有7500万注册用户。2009年8月份中国最大的门户网站新浪网推出"新浪微博"内测版，成为门户网站中第一家提供微博服务的网站，微博正式进入中文上网主流人群视野。微博具有内容简洁明了，发布手段简捷多样，互动性强等优点。

（二）微博的使用方法

在我国，新浪微博用户数已经超过1亿，因此我们以新浪微博为例，来介绍微博的使用方法。

1.注册成为新浪用户（新浪首页即可注册）。

2.在微博首页(http://t.sina.com.cn)注册微博。

3.设置相关资料：昵称、域名、介绍等。

4.将微博地址发给你的朋友，让他们成为你的粉丝，让他们"关注"你。这样你发的每条微博将同时出现在他们的微博首页里。

5."关注"你的朋友，成为他的粉丝，这样他们发的每条微博将出现在你的微博首页里。

6.发布微博或图片。点击"我的首页",空白位置即可输入您的微博(140字)或分享您的图片。

7.高级应用:开通手机发布。你就可以随时用手机发微博、看微博了。(填写手机号码,并根据提示使用手机发送验证码到指定号码。微博短信通知您已成功绑定手机,在您的首页也可看到。)

微博新功能 /

1.私信功能

只要对方是你的粉丝,你就可以发私信给他(或者她)。

如何发私信:比如,"楼市小道消息"是我的粉丝,所以我可以给他发私信。

如何查看我的往来私信?回到"我的首页",在右侧列表中即可看到。

2.@功能

◇何为"@":

当你发布"@昵称"的信息时,在这里的意思是"向某某人说",对方能看到你说的话,并能够回复,实现一对一的沟通;发布的信息中"@昵称"这个字眼,可以直接点击到这个人的页面,方便大家认识更多朋友。

◇如何使用:

只要在微博用户昵称前加上一个@,然后"按空格"再输入你要对他(或她)说的话,对方就能看到了。一定要注意,"@昵称"后一定要加一个空格,否则系统会把后面的话认为也是昵称的一部分。

◇如何查看谁@我了?

回到"我的首页",在右侧列表中即可看到。

3.绑定MSN:

选择页面最上方导航中的"设置",开始绑定MSN。

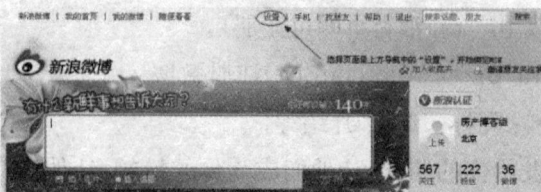

在浮出的输入框里填写您的MSN账号,并按您的需要选择接收选项,最后点击"确定"按钮。

当完成以上操作后,在MSN登录状态下,会弹出以下增加新联系人窗口,您需给新浪微博小助手选择一个组，然后点击"确定"按钮。

微信 /

(一) 微信的简介

微信是腾讯公司于2011年1月21日推出的一款通过网络快速发送语音短信、视频、图片和文字，支持多人群聊的手机聊天软件。用户可以通过微信与好友进行形式上更加丰富的类似于短信、彩信等方式的联系。微信软件本身完全免费，使用任何功能都不会收取费用，使用微信时产生的上网流量费由网络运营商收取。2012年3月29日，微信注册用户过一亿。

微信是一种更快速的即时通讯工具，具有零资费、跨平台沟通、显示实时输入状态等功能，与传统的短信沟通方式相比，更灵活、智能，且节省资费。微信支持智能手机中iOS、Android、WindowsPhone和塞班平台。

(二) 微信的使用方法

1.账号注册

微信可以通过QQ号直接登录注册或者通过邮箱账号注册。

第一次使用QQ号登陆时，微信会要求设置微信号和昵称。

微信号是用户在微信中的唯一识别号，必须大于或等于六位，注册成功后不可更改；昵称是微信号的别名，允许多次更改。

2.账号使用

微信与QQ相对独立，即使是输入QQ号进行注册的用户，在微信中QQ号也不会透露给您的好友。微信中有单独设置的头像，可以在登陆后从设置菜单内修改。

3.聊天

在微信中，可以发送文字、语音及视频信息。在使用过程中，用户可以删除单条消息，也可以删除会话。触屏手机上通过长按消息或会话的方式删除，有按键的手机则通过选项按钮找到删除入口。在2.2之前的版本退出时会提示是否退出后继续接收消息；2.2及以后版本，退出后将无法接收到消息 (但驻留在后台则可以)。

在微信中，用户无法知道对方是否已读，因为微信团队认为"是否已读的状态信息属于个人隐私"，微信团队希望给用户一个轻松自由的沟通环境，因而不会将是否已读的状态进行传送。

微信支持查找微信号、QQ好友添加好友、查看QQ好友添加好友、查看手机通讯录和分享微信号添加好友、摇一摇添加好友、二维码查找添加好友6种方式。

4.查找好友

　　微信支持查找微信号、QQ好友添加好友、查看QQ好友添加好友、查看手机通讯录和分享微信号添加好友、摇一摇添加好友、二维码查找添加好友6种方式。

第五篇　文字、表格、图片、网页、幻灯片制作

第二十一种　Word基础入门教程

Word简介

Word是一个文字处理软件，属于微软的Office系列，国产有金山WPS文字处理软件。文字处理主要包括，文字录入、排版、存储、打印等各个方面。

Word的基本操作

（一）输入和保存

1.启动Word

（1）单击屏幕左下角的"开始→所有程序→Microsoft Office→Microsoft Office Word 2003"，就可以启动Word，也可以在桌面上创建一个快捷方式；

（2）Word窗口主要由菜单栏、工具栏、工作区组成，文字一般输到工作区中，有一个一闪一闪的竖线；

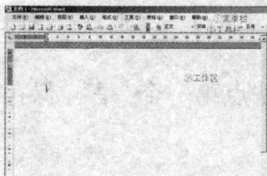

（3）记住常用的菜单"文件"菜单、"视图"菜单和"格式"菜单，工具栏中是一些常用的菜单命令，用图片表示，使用很方便。

2.输入文字

在工作区中点一下鼠标，这样就会出现一条一闪一闪的光标插入点，文字就输在它这儿；

注意观察光标插入点的位置变化,它会随着文字逐渐后退。

姓名:青草青园↵

3.保存文件

(1) 点击菜单"文件－保存"命令,第一次保存,出来一个"另存为"对话框;

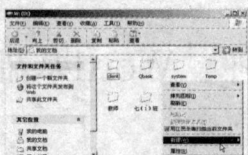

(2) 找到文件夹,双击打开,对文件进行命名,点击右键保存按钮;

(3) 这样就成功地将文件保存到了自己的文件夹中,以后每次就可以点工具栏上的"保存"按钮 ,就可以自动保存。

4.退出Word

(1) 点"文件"菜单中,最下面的"退出"命令,就可以退出Word程序,也可以点右上角的叉按钮,关闭窗口退出;

(2) 如果文件没保存,或者又修改了,这时候会出来一个提示框,黄色是提醒、警告的意思;

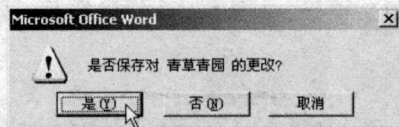

(3) 如果文件是有用的,就点第一个"是",保存并退出,如果是没用的文件,就点第二个"否"不保存退出。

Word编辑操作 /

(一) 字体格式

文字格式主要包括字体、字号、颜色等等,使用格式后文章看起来很整齐,也有利于阅读，如何设置文字格式：

1. 选择字体

（1）启动Word，输入两行文字，"文字格式   1.字体：宋体、黑体、楷体   "（表示每行输完后按一下回车键）；

文字格式：
1、字体：宋体、黑体、楷体

（2）宋体是最常见的字体，默认输入的文字就是宋体；

（3）选中文字"黑体"，方法是把鼠标移到"黑"的左边，按住左键不松，拖动"体"的后边，这时候"黑体"两个字就被选中，颜色变成黑色(反白显示)；

文字格式：
1、字体：宋体、黑体、楷体

（4）在工具栏的中间找到"宋体"那儿，点一下旁边的下拉按钮，出来下拉列表，在里面找到"黑体"，点击选中，这时工作区里头选中的文字，它的字体就改成黑体了；

A 正文   ▾   宋体   ▾   五号   ▾

文字格式：
1、字体：宋体、黑体、楷体

（5）同样再选中拖黑"楷体"这两个字，在工具栏中点下拉按钮，选择"楷体_GB2312"，把字体改成楷体。

文字格式：
1、字体：宋体、黑体、楷体

2. 复制文字

（1）拖黑选中第二行文字，从"字"拖到最后的"体"，前面的"1、"已经设成自动序号了，由系统来编辑，所以不让选中；

文字格式：
1、字体：宋体、黑体、楷体

（2）把鼠标移到黑色里面，然后点右键，注意瞄准以后再点右键，弹出一个菜单，在"复制"上点一下鼠标左键选择复制命令；

（3）再把鼠标移到第三行，在"2、"的后面空白里敲一下鼠标右键 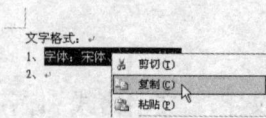，瞄准之后再点鼠标右键；

（4）在弹出的菜单里面，找到"粘贴"命令，单击鼠标左键选择粘贴，这样把上一行文字复制到指定位置；

（5）选中这一行的"字体"改成"字号"，在"宋体"后面点一下左键，加上"一号"、"黑体"后面加上"二号"、"楷体"后面加上"三号"。

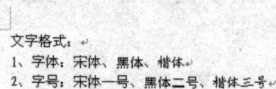

3.设置字号

（1）拖黑选中"宋体一号"，在工具栏中字体旁边有个"五号"，在它旁边的按钮上点一下；在弹出的下拉列表中，选择"一号"，看一下效果；

（2）再拖黑选中"黑体二号"，在工具栏的字号按钮上点一下，选择"二号"，看一下效果；

（3）同样把"楷体三号"设成"三号"大小，看一下效果；

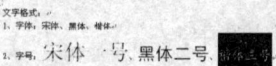

你还可以试试阿拉伯数字的字号，从而可以得出字号大小的规律。最后以"文字格式"为文件名，保存文件到自己的文件夹。

4.文字颜色

使用颜色可以美化文字，同时也可以更好地标识重点内容。

(1) 启动Word, 自动新建一个空白文档;

(2) 在页面中输入两行内容: "文字颜色: 红色、绿色、蓝色"(表示每行输完后按一下回车键),

拖黑选中第二行, 把字体设为"黑体"、字号改成"三号";

文字颜色:

红色、绿色、蓝色

(3) 选中文字"红色"在工具栏右边找到一个A, 这是给文字选颜色的, 默认的是黑色自动设置。

点击它旁边的下拉按钮, 出来颜色面板, 在左边第一列中选择"红色", 将文字设为红色(这儿是选中反白显示)。

文字颜色:

红色、绿色、蓝色

(4) 同样再选中文字"绿色", 在工具栏的颜色按钮中, 选择绿色, 将文字"蓝色"的颜色改成蓝色;

文字颜色:

红色、绿色、蓝色

最后以"文字颜色"为文件名, 保存文件到自己的文件夹。

5.文字效果

(1) 在第二行文字后头的箭头那儿点一下, 取消文字的选中状态, 光标插入点在最后面闪烁, 按一下回车键到第三行;

(2) 输入文字"加粗", 你会发现出来的是蓝色的文字, 原因是文字格式会自动向后延续。

文字颜色:

红色、绿色、蓝色

加粗

(3) 选中文字"加粗", 在工具栏上的颜色按钮上点一下, 选择第一行的"自动" , 文字的颜色就去掉了。

(4) 接着输入"、倾斜、下划线",下面工具栏的按钮来添加这三种效果；

B *I* <u>U</u> ▾

(5) 选中文字"加粗"，在工具栏中间上点一下黑色的B，文字就加粗了，选中"倾斜"，点一下工具栏上的I，文字就倾斜了，选中"下划线"，点一下"U"，文字下面就出来了一条下划线；

文字颜色：

红色、绿色、蓝色。

加粗、*倾斜*、<u>下划线</u>

点击工具栏左边的"保存"按钮 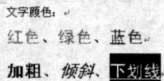，保存文件。

6."字体"菜单

(1) 文字的各种格式设置，可以在"格式"菜单中同时进行，点击菜单"格式–字体(F).."，弹出一个面板；

(2) 按照从上到下的顺序，设置字体、字号、颜色和其他效果，最后单击"确定"就可以设置文字格式。

(二) 对齐

文章当中往往有些特殊的要求，比如标题要在中间，落款在右边等等。

1.对齐

(1) 启动Word，自动打开一个空白文档；

(2) 输入下列文字：

荷塘月色

月光如流水一般，静静地泻在这一片叶子和花上。薄薄的轻雾浮起在荷塘里。叶子和花仿佛在牛乳中洗过一样；又像笼着轻纱的梦。

朱自清

(3) 输入完成后，下面来进行格式设置，标题需要居中，最后的作者放在右边，这些可以用工具栏中的对齐按钮；

(4) 选中标题"荷塘月色",然后点一下这个"居中"按钮,文件就到了中间,

(5) 选中"朱自清",然后在工具栏左边,找到按钮组的分界处,点一下分界按钮,出来一个按钮列表,在里头找着"右对齐"按钮，点击选中;

其他还有"左对齐"、"居中对齐"和"两端对齐"、"分散对齐",在需要的地方可以同样设置。

(三) 段落和缩进

文章是由许多的段落组成的,在Word中每个拐弯的箭头 表示一段,哪怕只有一行也算是一段,只要有一个拐弯箭头 。

1.段落

(1) 启动Word,自动打开一个空白文档;

(2) 点菜单"文件-打开"命令,找到自己的文件夹,打开上次保存的"对齐和格式刷";

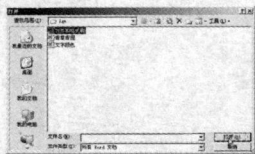

(3) 把鼠标移到正文那一段文字中,在第一行句号那儿单击一下,让光标插入点在段落当中,

然后单击菜单"格式-段落"命令,弹出一个段落面板;

127

格式(O)　工具(T)　表格(A)　窗

　A　字体(F)...

　　段落(P)...

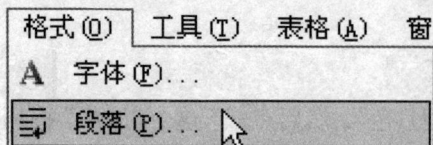

（4）在出来的段落面板中，将中间的"特殊格式"下边的"无"选择为"首行缩进，我们知道段落开头空两格，将"行距"设为"2倍行距"，点"确定"；段落就排列整齐了；

2.标尺

（1）在页面的上边有一个标尺，上面显示了页面的缩进情况，利用它可以快速定位缩进量；

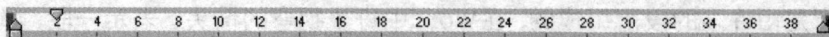

（2）在作者"朱自清"那儿点一下鼠标左键，把光标插入点移到第三段；

（3）在工具栏上对齐按钮里找到"两端对齐" 点一下，文字自动到了左边；

仿佛在牛乳

朱自清

（4）拖动标尺左边上面那个三角往右边移动，注意瞄准后再拖，大约拖动30的位置，我们发现文字也随着右移；

（四）边框和底纹

为了更好地修饰文章，我们还可以给文字添加边框和底纹，从而使得版面划分比较清晰。

1.输入文字

（1）启动Word，自动打开一个空白文档；

（2）点菜单"文件－打开"命令，找到自己的文件夹，打开上次保存的"段落标

尺";

(3) 在正文第一段末尾句号后面, 按一下回车键, 这样就开始新的一段, 接下来输入文字: 虽然是满月, 天上却有一层淡淡的云, 所以不能朗照; 但我以为这恰到了好处——酣眠固不可少, 小睡也别有风味的。

2.设置边框

(1) 选中标题"荷塘月色"文字部分, 后面的拐弯箭头别选, 单击菜单"格式－边框和底纹", 出来一个对话框;

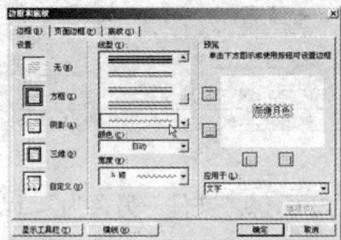

在中间的"线型"里找到波浪线选中, 然后右边的预览窗口中出现添加边框的效果, 单击确定完成设置;

(2) 再选中正文第一段, 包括最后的段落标记拐弯箭头, 点击菜单"格式－边框和底纹", 在出来的对话框中, 在左边选择"阴影"、在中间选择虚线, 看一下右边的预览效果, 点"确定"完成;

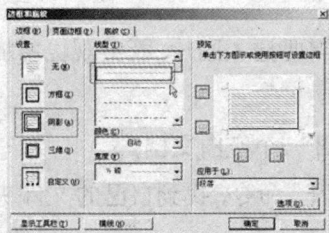

(3) 再选中正文第二段, 包括最后的段落标记拐弯箭头, 点击菜单"格式－边框和底纹", 在出来的对话框中, 在左边选择"阴影"、在中间选择较宽的虚线, 看一下右边的预览效果, 点"确定"完成。

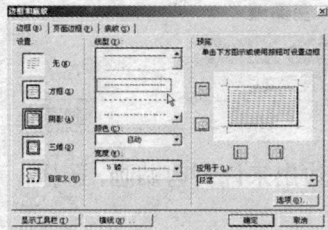

3.设置底纹

(1) 保持第二段选中状态, 点击菜单"格式－边框和底纹", 在出来的对话框中, 选择上边的第三个标签"底纹";

(2) 在"填充"中, 选择一个淡的灰色, 看一下右边的预览, 点"确定"完成设置;

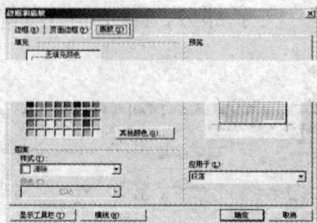

这样文章的效果就设置好了, 点"文件－另存为", 以"边框底纹"为文件名, 保存文件到自己的文件夹。

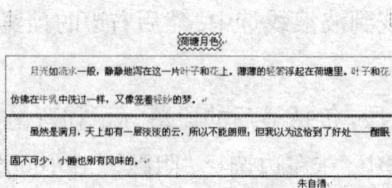

(五) 插入图片

有时我们会碰到文章中需要插入图片, 既美观也增加了文章的内容。

1.插入剪贴画

(1) 启动Word, 自动打开一个空白文档;

(2) 点菜单"文件－打开"命令, 找到自己的文件夹, 打开上次保存的"边框底纹";

(3) 在正文第一段末尾句号后面, 按一下回车键, 这样就开始新的一段, 接下来插入图片;

(4) 点菜单"插入－图片－剪贴画", 在窗口右边出现剪贴画侧边栏;

(5) 点"搜索"按钮, 下边出来许多剪贴画, 选择一个风景上点右键选"插入"命令;

（6）然后图片就插到了当前光标所在的位置，在图片上点击一下，会出来一个图片工具栏；

工具栏上那个"小马"图标挺重要 ，点击可以设置图片的位置，默认是插入方式，文字都被挤到上下两行；

还可以选其他环绕方式，让图片跟文字进行不同的组合方式，根据需要选择；

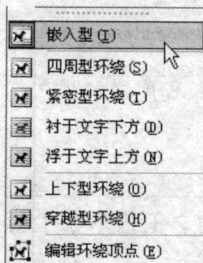

点菜单"文件－另存为"命令，以"插入图片"为文件名，保存文件到自己的文件夹；

2.插入图片文件

（1）插入其他图片的方法类似，只是选择菜单为"插入－图片－来自文件"；

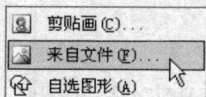

（2）这时候出来的是一个打开对话框，找到需要的图片后选中，然后点"插入"即可；

（3）插入后选中也会出现工具栏，图像边上有控制点出现，可以拖动改变大小，拖动控制点的时候，最好拖顶点，这样同时缩放高和宽，保持比例。

（六）艺术字

在字体中可以设置一些常见的文字格式效果，还可以用插入艺术字的方法，设置出像图片一样的文字效果来，下面我们通过一个练习来学习操作。

1.插入艺术字

（1）启动Word，自动打开一个空白文档；

（2）点菜单"插入－图片－艺术字"命令 ▣ 艺术字(W)... ，出现一个艺术字样式的对话框；

选择第二排的第1个样式，点确定，然后出来文字输入框；

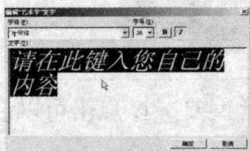

（3）输入"泉眼无声惜细流"，然后把上边的字体设为"华文行楷"，右边的斜体按钮点起来，然后点"确定"；

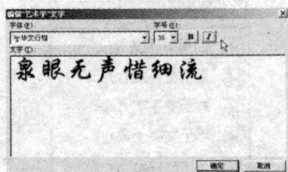

这样第一行的艺术字就设好了，在艺术字上点击一下，会出来艺术字工具栏，里面可以重新调整艺术字的样式。

泉眼无声惜细流

（七）公式编辑器

在教学中会碰到输入一些特殊式子，比如数学公式、化学方程式等等，在Word中怎样输入它们呢？下面我们通过一个练习来学习操作：

1.公式工具栏

（1）启动Word，自动打开一个空白文档；

（2）点菜单"插入－对象"命令，出现一个对话框，在M打头的里面找到"Microsoft 公式 3.0"，单击选中，然后单击"确定"按钮；

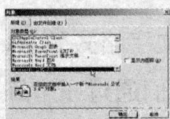

注意：在安装Office的时候，必须在Office工具里头，安装了公式编辑器才能找到；

(3) 然后出来一个文本框和一个工具栏，文本框中可以输入字母，工具栏上可以插入数学符号；

(4) 在公式工具栏中，按钮被分成两排，上面第一个是跟等号有关的符号 ≤≠≈，像小于等于、大于等于、约等于等等，点击后可以在里头选择；

下面第一个跟括号有关的 (⠿) [⠿]，像圆括号、方括号、花括号等等，都在这个里头，其他的符号也类似，需要的时候点进去即可。

2.编辑公式

首先输入公式：

(1) 按键盘上的字符先输入(a+b)，然后的平方在右上角，需要在公式工具栏中设定；

在输入字母的时候光标插入点依次后退，同时下面出现一个下划线；

(2) 在公式工具栏下面一排，第3个角标按钮上点一下，选择第一个上标，这时候文本框里头出现一个小文本框；

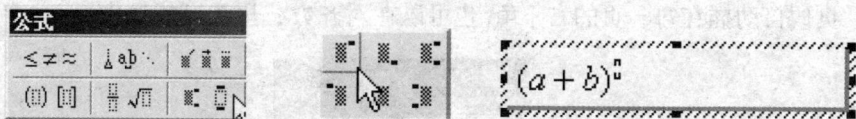

(3) 输入2，这时候等号左边的式子就输好了，光标在小文本框中闪动，按一下右方向键，把光标从小文本框中移出来；

(4) 输入等号，然后开始输右边的式子，输入字母a，然后再点角标的第一个上标按钮，在出来的小文本框中输入2；

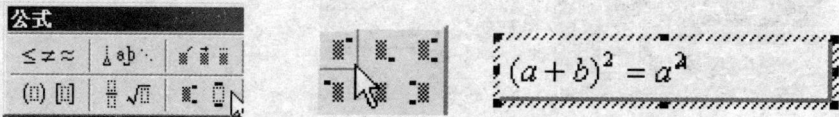

133

(5) 按一下右方向键, 把光标插入点移出来, 然后输入"+2ab+b", 这些都可以在键盘上输进去;

$$(a+b)^2 = a^2 + 2ab + b$$

(6) 然后的平方需要用角标, 按工具栏里头角标按钮的第一个上标按钮, 在出来的小文本框里头输入2, 再按右方向键把光标插入点移出来;

$$(a+b)^2 = a^2 + 2ab + b^2$$

在空白处点一下鼠标, 这样一个公式就输好了, 以"公式编辑器"为文件名保存文件到自己的文件夹。

(八) 页眉和页脚

页面的右下角往往有一个页码, 这个称作页脚, 在上边出现的称作页眉。

1.插入页码

(1) 启动Word, 自动打开一个空白文档;

(2) 点菜单"文件－打开"命令, 找到自己的文件夹, 打开上次保存的"边框底纹";

(3) 单击菜单"插入－页码"命令, 出现一个对话框, 点"确定"即可;

页码自动插在每一页的右下角, 也可以在对齐方式里头设成居中,

"首页显示页码"将在第一页显示页码, 如果第一页是封面, 则可以去掉这个勾, 然后在下边的"格式"按钮中设置起始页码为0; 这样首页就没有页码, 同时下一张的页码从1开始。

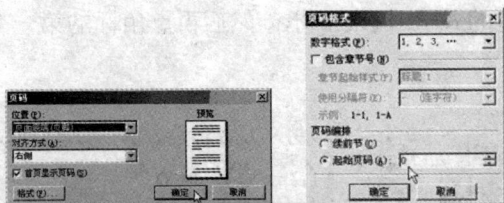

2.插入页眉

(1) 单击菜单"视图－页眉页脚"，这时候在页面上边就出现一个方框，同时还有一个页眉工具栏；

(2) 光标插入点在方框里一闪一闪，然后从键盘上输入"Word练习 第9课"，

文字下边有一条横线，这个可以在"边框底纹"中去掉，选中文字以后还可以设置成右对齐；

(3) 在页眉工具栏的右边找到一个切换按钮，单击一下页面跳到下边，出现页脚的方框，光标在左边一闪一闪，右边有已设定的页码；

(4) 这儿不用输入什么，检查一下即可，点页眉工具栏右边的"关闭"，或者在页面中间双击，就可以返回到正常页面中；

(5) 点击上边常用工具栏上的"打印预览"按钮，这时候可以预览一下效果，点旁边的"关闭"可以退出；

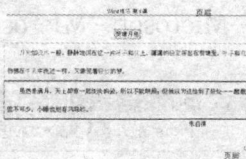

单击工具栏中间的关闭按钮，退出预览返回到页面当中；

点"文件－另存为"命令，以"页眉页脚"为文件名，保存文件到自己的文件夹。

第二十二种　Excel基础入门教程

Excel是一个电子表格软件，属于微软的Office系列，国产软件是金山WPS。电子表格处理主要包括，数据录入、处理、排序、打印等等各个方面，

Excel的基本操作

Excel输入和保存

Excel是一个电子表格处理软件，电子表格由一张张表格组成，首先介绍如何输入和保存电子表格。

1.启动Excel

(1) 点击"开始－所有程序－Microsoft－Microsoft Office Excel 2003"；

2.Excel窗口

(1) 出现一个满是格子的空白窗口，这就是一张电子表格了，第一个格子看着边框要粗一些，处于选中状态；

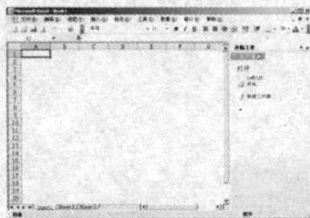

（2）最上面是标题栏，默认的是文件名Book1，保存的时候起一个有意义的，Excel的文件称作"工作簿"；

（3）再下面是菜单栏，里面是各个操作命令，记住常用的"文件"和"格式"菜单；

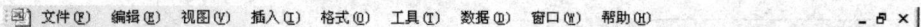

（4）再下面是工具栏，里面是一些常用的菜单命令，在分界线的地方可以点击下拉按钮，找到其他操作按钮；

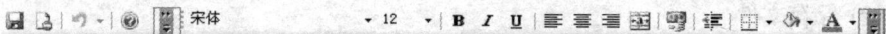

（5）下面的空白是工作区，数据输入在各个格子中，每个格子称作一个"单元格"，而且横向和纵向有坐标定位，第一个格子是A1；

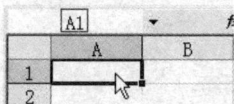

（6）最下边是状态栏，里面的sheet1、sheet2是指各个工作表；

3.输入和保存

(1)输入数据

①在左上角第一个格子中输入数字1，然后按一下回车键，活动单元格移到下边一格；

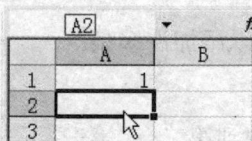

②继续输入2，然后按回车，接着输入3，一直输到5，可以用小键盘来输入；

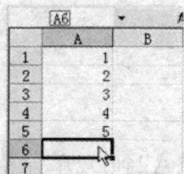

③再点一下第一个单元格A1，重新回到第一格，按一下Tab键(在Q的左边)，活动单元格跳到B1；输入 2，然后再按一下Tab键，活动单元格跳到右边C1的格子里，输入

3;

④继续按Tab键, 一直输到5, 可以发现按回车键是向下, 按Tab键是向右;

(2) 保存文件

①点菜单"文件-保存"命令, 出来一个另存为对话框, 在上面位置找到自己的文件夹, 把下面的文件名改成"输入保存", 点右边的保存按钮;

②第一次保存会出来另存对话框, 以后点"保存", 直接就保存了, 不再出现这个对话框。

Excel编辑操作

(一) 创建表格

表格一般是由行和列组成的, 每一行代表一条信息, 可以添加许多条;

创建表格

(1) 表头: 在第一个单元格中输入"成绩表", 按回车键到第二行, 第一行一般是表格的名称;

(2) 在第二行中依次输入"姓名、语文、数学、英语", 分别从A2到D2单元格, 按回车键到第三行;

	A	B	C	D
1	成绩表			
2	姓名	语文	数学	英语

（3）在第三行开始输入每个人的成绩，如下图所示，按回车键向下移动，按Tab键横向移动，分数可以用小键盘输入：

	A	B	C	D
1	成绩表			
2	姓名	语文	数学	英语
3	刘晓文	78	58	75
4	蒋心编	95	69	95
5	杨雨茶	68	88	85

（4）再在下面的状态栏上边的"Sheet1"上双击一下（也可以点右键，选"重命名"命令），变黑以后输入"成绩表"三个字，按一下回车键，把表格的名称改一下；

（5）点菜单"文件－保存"命令，以"成绩表"为文件名，保存文件到自己的文件夹中；

（二）居中对齐

输入好数据以后，还需要对表格进行适当的排版，把格式设置好，下面我们来看一个练习：

设置格式

（1）点菜单"文件－打开"命令，找到自己的文件夹，打开上次保存的"成绩表"文件；

（2）从第1格开始拖动鼠标沿对角线到"85"那一格，用框选的方法，选中所有数据单元格；

（3）把鼠标移到蓝紫色里面，瞄准"数学"那儿敲右键，选择"设置单元格格式(F).."命令，出来一个格式面板；

第二十二种 Excel基础入门教程

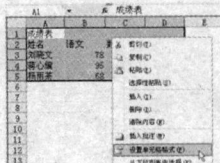

(4) 在格式面板中，点上面的"对齐"标签，把"水平对齐"和"垂直对齐"都设为"居中"，点"确定"；

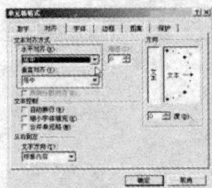

(5) 这时所有的数据都居中显示了，标题应该在表格的中央，在空白处点一下，取消选择；

再用拖动选择的方法，选中A1－D1，瞄准中间蓝紫色部分敲右键，选择"设置单元格格式(F).."命令；

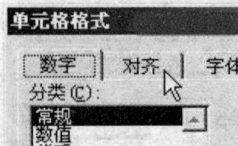

(6) 在出来的"对齐"格式面板中，把下面的"合并单元格"打钩选中，点"确定"；

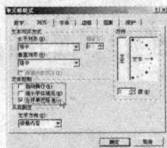

点一下菜单"文件－保存"命令，保存一下文件。

(三) 插入和填充

有时候需要改变表格的结构，比如新插入一行或一列，下面我们来看一个练习：
Excel窗口

(1) 点菜单"文件－打开"命令，在自己的文件夹中找到上次保存的"成绩表"文件，打开它；

(2) 在第一行上边的标题 "A" 上点一下, 在标题上点击就会选中A这一列;

(3) 瞄准 "A", 点一下鼠标右键, 在弹出的菜单中选择 "插入" 命令, 这样就会自动在左边插入一列空白列, 原来的A列变成B列;

(4) 选中标题的A1到E1单元格, 瞄准敲右键, 选择 "设置单元格格式" 命令, 在对齐面板中, 把 "合并单元格" 的勾点一下变黑, 把标题设为居中;

(5) 再点一下A2单元格, 选中它, 输入 "序号";

(6) 再在下边的A3单元格中输入数字1, 注意单元格的右下角有一个小黑块, 这是 "填充手柄", 把鼠标移过去瞄准, 指针会变成黑十字, 瞄准按住左键 (指针变成黑十字), 往下拖到第5行, 可以发现从A3到A5都填充上了1, 对于输入相同的数据很方便;

(7) 按一下Ctrl+Z组合键, 撤销一下, 这儿的序号应该逐渐增大, 重新瞄准A3单元格旁边的填充手柄, 同时按住Ctrl键(黑十字上面多出一个加号), 然后拖动手柄到A5, 这次序号就逐渐增大了;

141

(8) 选中新增的A2-A5单元格，瞄准敲右键，选"设置单元格格式"命令，在对齐中设为居中对齐；

点菜单"文件-保存"命令，保存一下文件，也可以按Ctrl+S组合键。

(四) 文本和列宽

在数据中，有一类是文字类的文本格式，像身份证号码、学号等需要进行处理。

1.输入文本

(1) 点菜单"文件-打开"命令，打开上次的"成绩表"文件；

(2) 瞄准表格上边的标题"B"点右键，选"插入"命令，在A列的后面插入一个空白列，原来的B列变成C列了；

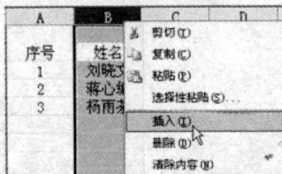

(3) 在序号旁边的单元格输入"学号"，作为列标题，在下面输入学号"02007072001"，按回车键后发现最前面的0没了，原来是当数字自动省略了，选中B3-B5这三个单元格，敲右键选"设置单元格格式"，在上边"数字"面板中，选择"文本"，点确定；

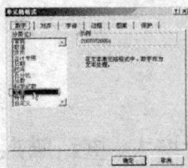

(4) 再回去就可以输入0了，分别输入"02007072001"到"0200707072003"，按Ctrl+S键保存一下文件；

成绩表					
序号	学号	姓名	语文	数学	英语
1	02007072001	刘晓文	78	58	75
2	02007072002	蒋心编	95	69	95
3	02007072003	杨雨茶	68	88	85

2.调整列宽

(1) "序号"这一列有些太宽了,可以把它调小一些,右键菜单里面有个"列宽"命令;把鼠标移到列标志A和B之间,指针变成双箭头时向左拖动一下,列宽就减小了,也可以瞄准双击左键;

	A	B
1		
2	序号	学号
3	1	02007072001
4	2	02007072002

(2) 同样在B和C, C和D等后面的单元格之间瞄准,指针变化后双击左键,调整好间距,最后保存文件;

成绩表					
序号	学号	姓名	语文	数学	英语
1	02007072001	刘晓文	78	58	75
2	02007072002	蒋心编	95	69	95
3	02007072003	杨雨茶	68	88	85

(五) 编辑修改

表格输入中,有时候需要进行修改,或改正一些错误,下面我们来看一个练习:

(1) 点菜单"文件－打开"命令,打开上次的"成绩表"文件;

(2) 先修改姓名里的,选中"刘晓文",瞄准双击鼠标,这时候文字中间出来一条竖线插入点,表示处于文字编辑状态;

姓名	语文
刘晓文	78
蒋心编	95
杨雨茶	68

把插入点竖线移到"晓"的前面,按一下键盘上的Delete键,删除这个字,然后重新输入一个"小",按一下回车键;

姓名	语文
刘小文	78
蒋心编	95
杨雨茶	68

(3) 选中"蒋心编"的单元格,这时表格上边的编辑栏中也有一个"蒋心编",把鼠标移上去,在"蒋"的后面单击一下,出现插入点竖线后,按一下退格键,删除它,再输入"江",然后点一下左边绿色的"勾"确定;

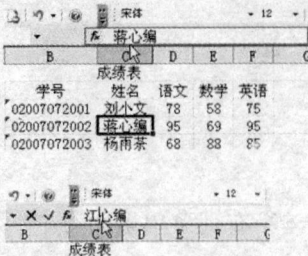

(4) 再点一下右下角的单元格的"85"，按一下Delete删除键，然后输入"100"，也可以直接输入100替换；保存文件。

姓名	语文	数学	英语
刘小文	78	58	75
江心编	95	69	95
杨雨荼	68	88	

姓名	语文	数学	英语
刘小文	78	58	75
江心编	95	69	95
杨雨荼	68	88	100

(六) 创建图表

这一节我们来学习图表，用图像来显示数据，更让人一目了然，便于对比和区分，下面我们来看一个练习：

(1) 从姓名开始一直拖动到右下角的100，框选中这些有用的数据，序号和学号可以不必要；

	成绩表			
学号	姓名	语文	数学	英语
02007072001	刘小文	78	58	75
02007072002	江心编	95	69	95
02007072003	杨雨荼	68	88	100

(2) 点菜单"插入–图表.."命令，弹出一个"图表向导"面板；

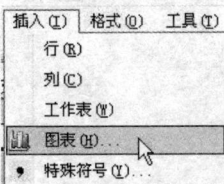

(3) 第一页是选择图表类型，一般有柱形、条形、折线，这儿点"下一步"按钮，用默认的柱形；

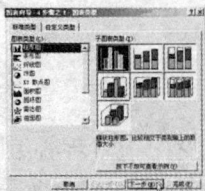

(4) 第二页是数据区域，我们选中的是从"姓名–100"这一块，每个学科一块，直接点"下一步"按钮，如果选"列"就是按姓名；

144

(5) 第三页是标题标注, 在左边分别填上"成绩表"、"学科"、"得分", 点"下一步"按钮;

(6) 第四页是图表位置, 默认放在当前工作表中, 单击"完成", 有时也选择插入到新工作表中;

这样就创建好一个图表, 每个颜色代表一个同学, 可以从颜色上来比较三个同学的成绩;

(七) 公式运算

在Excel中, 我们可以利用公式来对数据进行处理, 下面我们来看一个练习:

(1) 点菜单"文件－打开"命令, 打开上次的"成绩表"文件;

(2) 在"英语"旁边的单元格中输入"总分", 这一列将存放三门成绩的总分;

成绩表					
学号	姓名	语文	数学	英语	总分
02007072001	刘小文	78	58	75	
02007072002	江心编	95	69	95	
02007072003	杨雨茶	68	88	100	

(3) 按回车键, 光标移到"75"旁边的单元格, 在表格上边的"编辑栏"里点一下, 出现插入点竖线, 切换到英文输入法, 输入一个等号, 注意是英文的等号;

(4) 接着输入D3+E3+F3, 也就是左边的三个单元格相加, 等号表示是公式, 这儿是加法运算;

编辑栏中的数据颜色, 跟下面数据表中的单元格颜色对应相同。

(5) 输入完成后, 检查一下输入是否正确, 然后按一下回车键, 完成公式输入(点编辑栏旁边的对勾也可以), 这时候就可以发现单元格中出来的是三门成绩的总和。

(6) 瞄准单元格右下角的填充手柄, 向下拖动两格, 这样下面两格也自动输入相同的公式; 保存文件。

(八) 求平均值

(1) 点菜单"文件–打开"命令, 打开上次的"成绩表"文件;

(2) 在总分的旁边输入"平均分", 然后把格式设置好;

(3) 选中下面的单元格, 在上边的编辑栏上找到编辑框左边的"fx", 点一下;

(4) 在出来的"插入函数"面板中, 找到AVERAGE点一下选中, 然后点下面的"确定", 这个是平均值函数;

(5) 接下来出来的是数据的区域，在表格中框选中从"78"到"75"的三个单元格，对三门成绩进行平均分；

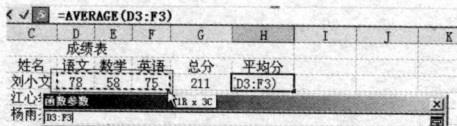

(6) 检查一下数据区域框正确后，点击"确定"，然后单元格中就出现了平均分，拖动填充手柄，把下面两个单元格也输入平均值函数。

(7) 瞄准蓝紫色敲右键，选"设置单元格格式"，把"数字－数值"里的小数点设为2；

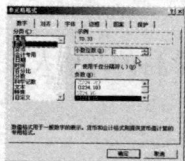

点"确定"后，完成数据输入，保存一下文件。

（九）统计函数

(1) 点菜单"文件－打开"命令，打开上次的"成绩表"文件；

(2) 在姓名的下面输入"及格数"，然后把光标移到旁边一格；

(3) 点一下编辑栏旁边的"fx"，在出来的函数列表里面找到"统计"，在下面找到"COUNTIF"，点"确定"按钮；

(4) 接下来是数据区域面板,从"78"向下拖到"68",框选中三个人的语文成绩;

(5) 切换到英文输入法,在函数面板的第二个文本框中输入">=60",然后点"确定",也就是60分以上算及格;点"确定"后,单元格中出现统计结果;

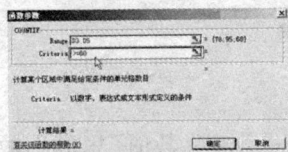

姓名	语文	数学
刘小文	78	58
江心编	95	69
杨雨茶	68	88
及格数	3	

(6) 拖动填充手柄,把旁边两格也填充上,这样就把各学科的及格人数统计好了;

(十) 表格边框

Excel中的表格线是一种参考线,如果要打印出来,还需要添加上边框线,下面我们来看一个练习:

(1) 点菜单"文件－打开"命令,打开上次的"成绩表"文件;

(2) 点菜单"文件－打印预览"命令,出来一个预览窗口,可以发现没有表格线,如果提示没有打印机,可以安装一款虚拟打印机(virtualPdFprinter);

(3) 点上边的"关闭"按钮返回到表格窗口,准备画边框;从左上角A1单元格开始,框选到右下角的85.33下面的单元格H6;

(4) 瞄准蓝紫色敲右键, 选"设置单元格格式"命令, 在弹出的面板中选择上边的 "边框"标签;

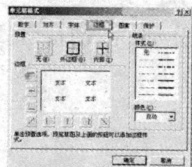

(5) 看一下左边的白色区域, 现在里面还没有表格线, 这儿对应表格内容, 现在只有内部的文本, 边框分为四周的外边框和内部的边框线。

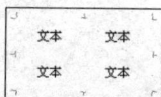

(6) 在右边的线条里, 选择倒数第三个的黑线条, 在左边白色区域的四周分别点一下, 画出外边框;

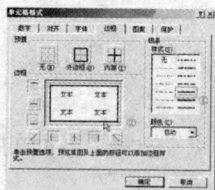

(7) 再选中右边第一个虚线, 在左边白色区域中点两下, 添加两条内部线, 点"确定"按钮, 回到表格中;

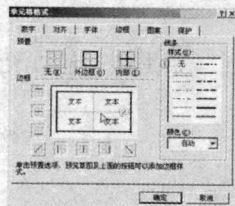

这时候再点菜单"文件-打印预览"命令, 就可以看到表格线了, 保存一下文件。

(十一) 冻结窗格

有时候需要将行列的标题固定下来, 这样好查看数据;

(1) 打开前面保存的"成绩表";

(2) 点击选中"序号"下面的单元格 1,我们要冻结它上面这一行标题;

(3) 点菜单"窗口－冻结窗格",冻结的是选中单元格的上面一行;

(4) 这时标题行下面出来一条黑线,拖动向下的滚动条试试;

(5) 取消冻结回来原来的方法是,点"窗口"菜单,选择"取消冻结窗格"命令;

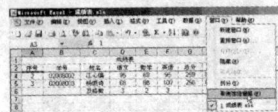

(6) 如果要把列标题也冻结,就往右再移一个单元格,点"学号"下面的单元格,冻结的是左边列;

(7) 再点菜单"窗口－冻结窗格",这时在列旁边也出现一条黑线,拖动滚动条两边都是锁定的;

以"冻结窗格"为文件名,另存文件到自己的文件夹。

(十二) 筛选

有时候需要将几个班中某一个班挑选出来:

(1) 打开之前的成绩表,在最后一列加上班级,以"筛选"为文件名,另存文件到自己的文件夹；

(2) 在"班级"下边的单元格中，分别输入：1、2、1，也就是两个同学是1班另一个是2班的；

		成绩表					
序号	学号	姓名	语文	数学	英语	总分	平均分	班级
1	02008001	刘小文	78	58	75	211	70.3333	1
2	02008002	江心编	95	69	95	259	86.3333	2
3	02008003	杨雨诗	68	88	100	256	85.3333	1

(3) 用拖选的方法，选中标题，也就是从"序号"拖到"班级"；

	A	B	C	D	E	F	G	H	I
1			成绩表						
2	序号	学号	姓名	语文	数学	英语	总分	平均分	班级
3	1	02008001	刘小文	78	58	75	211	70.3333	1
4	2	02008002	江心编	95	69	95	259	86.3333	2
5	3	02008003	杨雨诗	68	88	100	256	85.3333	1

(4) 点菜单"数据-筛选-自动筛选"，在各个列标题上出现一个下拉按钮；

(5) 点击"班级"旁边的下拉按钮，选择"1"，也就是把1班的同学挑选出来；

(6) 这时表格中只显示1班的了，其他的项被隐藏起来；

		成绩表					
序号	学号	姓名	语文	数学	英语	总分	平均分	班级
1	02008001	刘小文	78	58	75	211	70.3333	1
3	02008003	杨雨诗	68	88	100	256	85.3333	1

(7) 要重新显示其他班，再点"班级"旁边的下拉按钮，选择"全部"；

(8) 要关闭自动筛选，再点菜单"数据-筛选-自动筛选"，这时各个按钮就消失了。

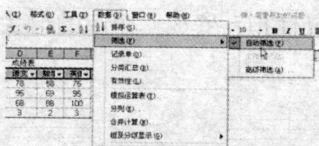

第二十三种 PowerPoint基础入门教程

PowerPoint简介

PowerPoint是一个演示文稿幻灯片制作软件，属于微软的Office系列，国产的是WPS中的金山演示，演示文稿由幻灯片、文本、图片、动画、效果等方面组成。

PowerPoint的基本操作

（一）新建文件夹

（二）界面窗口

启动PowerPoint，点开始－所有程序－Microsoft Office－Microsoft OfficePowerPoint 2003，就可以打开一个窗口；

窗口分成三栏，中间宽大的是工作区，左边是幻灯片的序号，右边是任务属性窗格，幻灯片主要在中间的工作区中进行。

1.空白幻灯片

（1）在工作区中间有两个虚线框，里面写着"单击此处……"，这个就是文本框，文本框是用来输入文字的；

（2）把鼠标移到第一个文本框的虚线上，这时鼠标指针变成一个花的形状，点一下左键选中文本框；

单击此处添加标题

选中以后，文本框的边框加粗，变成粗虚线，然后按一下键盘上的删除键Delete，

这样就删除了这个文本框;

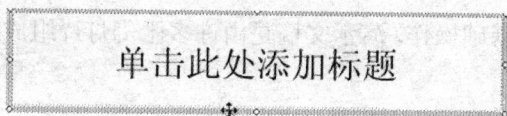

单击此处添加标题

(3) 同样再选中下边的第二个文本框, 按删除键删除它, 这样就得到一张空白的幻灯片。

2.插入文本框

(1) 点菜单"插入– 文本框–水平"命令, 鼠标的指针变成一个竖线|;

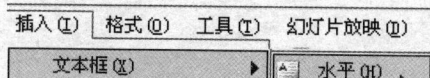

插入(I)	格式(O)	工具(T)	幻灯片放映(D)
文本框(X)	▶	▲ 水平(H)	

(2) 在工作区中拖动鼠标, 画一个方框, 松开鼠标, 这时出现一个文本框, 光标插入点在里头一闪一闪;

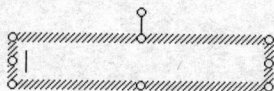

|

(3) 选一个汉字输入法, 输入"美丽的校园"。

美丽的校园

(4) 拖动文本框的边框到中间位置, 然后在空白处点一下鼠标左键, 取消文本框的选择, 边框消失。

3.放映幻灯片

(1) 在左边窗格的下边, 有一排按钮▣▦▽◿, 点右边的小酒杯按钮▽, 就可以播放这一张幻灯片,

可以看到在白色的幻灯片当中, 有一行文字"美丽的校园", 后面我们会逐渐往里面添加其他对象;

(2) 在空白处点一下鼠标左键, 出来一个黑色屏幕, 上面写着"放映结束, 单击退出", 再点一下左键退出放映, 回到工作区中。

(三) 插入新幻灯片

前面我们学习了一张幻灯片的基础操作,演示文稿是由许多张幻灯片组成的,下面来学习如何插入一张新的幻灯片:

1.输入文字

(1) 启动PowerPoint,自动打开一个空白文档,删除里面的两个空白文本框;

(2) 点菜单"插入-文本框-水平"命令,插入一个水平文本框,输入一段文字"这是第一张幻灯片";

点击选中文本框边框,把文本框拖到幻灯片的中间摆好。

(3) 点菜单"文件-保存"命令,以"插入新幻灯片"为文件名保存文件到自己的文件夹。

2.插入新幻灯片

(1) 点菜单"插入-新幻灯片"命令,添加一张新幻灯片,里面自动有两个文本框;

(2) 在右边的窗格中,找到中间的内容版式,选择第一个"空白",去掉里面自动产生的文本框;

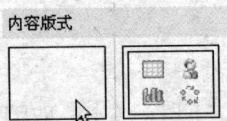

(3) 点菜单"插入-文本框-水平"命令,插入一个水平文本框,输入文字"这是第二张幻灯片";

点击选中文本框边框,把文本框拖到幻灯片的中间摆好,保存一下文件;

(4) 这时左边的窗格中出现两张幻灯片，其中第二张就是我们新插入的幻灯片；

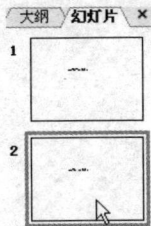

(5) 点菜单"幻灯片放映－观看放映"，整个放映一下演示文稿，点一下鼠标左键就可以到第二张幻灯片；

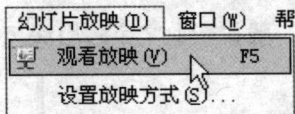

（四）文本格式

为了更好地修饰内容，我们还可以设置文字的格式，包括字体、字号、颜色等等，下面我们通过一个练习来学习操作：

1. 字体和字号

(1) 启动PowerPoint，自动打开一个空白文档，先删除里面的两个空白文本框；

(2) 点菜单"插入－文本框－水平"命令，插入一个水平文本框，输入文字"第二课文本格式"；

(3) 把文本框拖到上方正中间，然后拖黑选中里面的文字；

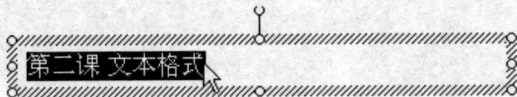

(4) 在上边的工具栏中点击字体旁边的下拉按钮，在出来的下拉列表中选择"黑体"，再点击旁边字号旁边的下拉按钮，选择"36"；

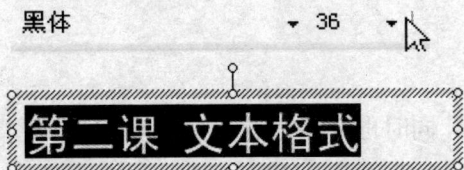

2. 文字颜色

(1) 颜色在下边的工具栏里头，图标是一个大写字母A，旁边有个下拉按钮；

155

(2) 点击A旁边的下拉按钮, 在出来的面板中点击"其他颜色……";

(3) 在出来的颜色面板中选择一个蓝色, 点"确定";

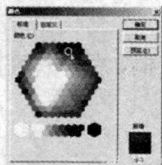

在空白处点一下, 这时文字的颜色就设成了蓝色, 一般投影上文字多用深色, 背景用浅色。

第二课 文本格式

(4) 再插入一个文本框, 输入两行内容"1.字体和字号　2.文字颜色"(表示按一下回车键);

把字体设为"楷体_GB2312", 字号为24, 颜色设为深绿色, 拖动文本框对齐摆好, 仔细移动可以按键盘上的方向键;

第二课 文本格式

1、字体和字号

2、文字颜色

点菜单"幻灯片放映－观看放映", 放映一下幻灯片, 然后关闭退出, 以"文本格式"为文件名, 保存文件到自己的文件夹。

(五) 自定义动画

动画可以让幻灯片达到动态的效果, 同时也可以完成一些填空练习等要求, 下面我们通过一个练习来学习操作;

1.输入文字

(1) 启动PowerPoint, 自动打开一个空白文档, 先删除里面的两个空白文本框;

(2) 点菜单"插入－文本框－水平"命令, 插入一个水平文本框, 输入文字"第三

课 自定义动画",设置文字格式,黑体、32号、蓝色;

第三课 自定义动画

(3) 再添加三个文本框,里头分别输入"百叶窗"、"飞入"、"音效",文字格式为楷体、24号、绿色,排好位置;

第三课 自定义动画

(4) 以"自定义动画"为文件名,保存文件到自己的文件夹。

2.设置动画

(1) 选中第一个文本框,瞄准边框敲右键,在出来的菜单里头选"自定义动画"命令,注意瞄准、看清楚了再点;

(2) 然后右边的窗格中上边出来一个"添加效果"按钮,点击后出来下拉列表;

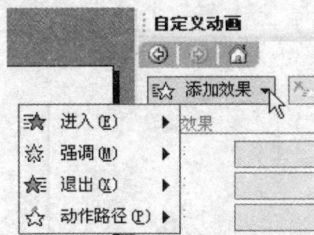

(3) 把鼠标指针移到第一行"进入-1.百叶窗",点击选中;

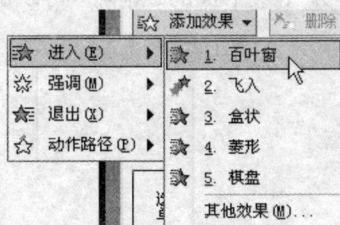

(4) 然后工作区中的文本框闪一下,左边出来一个小方块1,表示是第一个动画;

157

(5) 保存一下文件, 然后点左下角的小酒杯 🍸, 放映一下幻灯片, 可以发现百叶窗没有出来, 那个位置是空白。

第三课 自定义动画

飞入　音效

点击一下鼠标左键, 然后文字就按照百叶窗的样式出来了, 点击鼠标退出放映, 回到工作区;

(6) 再选中第二个文本框, 在右边设置自定义动画: "添加效果 – 进入 – 2.飞入" 再选中第三个文本框, 也设置为: "添加效果 – 进入 – 2.飞入"; 保存一下, 放映一下, 看看动画的效果。

2.设置效果

(1) 看一下右边的窗格, 现在有三个动画效果, 现在选中的是第3个(外边有个框), 效果后面都有一排下拉按钮, 点击后可以换别的效果;

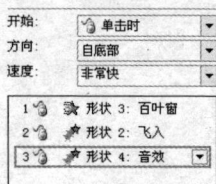

(2) 点 "3 形状4:音效" 旁边的下拉按钮, 也就是上图最下边的按钮;

在出来的下拉菜单中, 选择中间的 "效果选项", 最下面的 "删除" 可以删除这个效果;

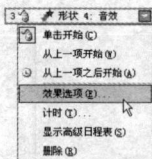

(3) 在出来的效果面板中, 把中间的声音选择 "风铃", 点确定然后就可以听到清

脆的声音；

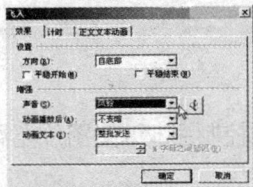

保存一下文件，点左下角的小酒杯 ，放映一下幻灯片，点击鼠标看一下动画效果

（六）插入图片

演示文稿常出来文本内容，往往还要插入一些图片，从而使幻灯片丰富多采：

1.背景色

（1）启动PowerPoint，自动打开一个空白文档，先删除里面的两个空白文本框；

（2）点菜单"插入–文本框–水平"命令，插入一个水平文本框，输入文字"第五课 插入图片"；

（3）在幻灯片空白处点右键选择"背景(K...)"命令，出来一个背景对话框，在下边的白色条上点一下，出来一个颜色列表，点下面的"其他颜色"；

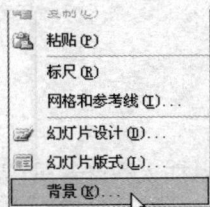

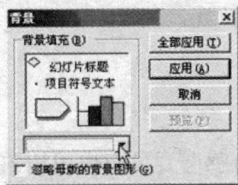

（4）选择一个淡黄色，点确定返回到对话框中，再点"应用"回到幻灯片中，这样我们就给幻灯片加上了背景色；

2.插入图片

（1）插入一张新幻灯片，在版式中选择"空白"；

（2）点菜单"插入–图片–来自文件"命令，移动鼠标的时候平平移；

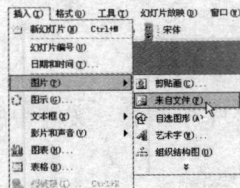

（3）出来一个"插入图片"的对话框，点上边的"查找范围"，找到自己的图片文件夹，然后在中间选择一个图片，点"插入"即可；

159

(4) 图片插入到幻灯片中以后,可以拖动四周的圆点控制手柄,使图片充满整个幻灯片,还可以在图片工具栏上进行调节;

拖动控制点,使图片作为背景图,充满幻灯片;

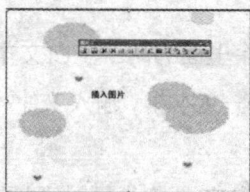

以"插入图片"为文件名,保存文件到自己的文件夹,放映一下看看幻灯片的效果如何;

(七) 插入音乐和视频

动听的音乐往往能带来美的感受,我们也可以在幻灯片中插入一首音乐,从而为自己的演示文稿增添色彩:

1.输入文字

(1) 启动PowerPoint,自动打开一个空白文档,先删除里面的两个空白文本框;

(2) 点菜单"插入–文本框–水平"命令,插入一个水平文本框,输入文字"插入音乐";

(3) 设置文本格式和背景色,以"插入音乐"为文件名保存文件到自己的文件夹;

2.插入音乐

(1) 复制一首音乐到自己的文件夹,点菜单"插入–影片和声音–文件中的声音..",出来一个对话框;

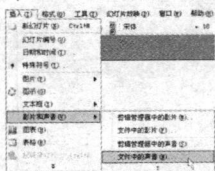

(2) 在上面的"查找范围"中找到自己的文件夹, 音乐提前要放到自己的文件夹中, 跟幻灯片文件放一起, 这有一首音乐, 下载到自己文件夹;

(3) 点"确定", 出来一个提示对话框, 询问是否自动播放;

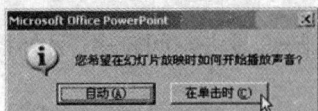

(4) 点右边的"在单击时", 选择单击时播放, 一般背景音乐可以设为自动播放;

(5) 这时在幻灯片中央出现一个小喇叭图标, 这就是插入的音乐文件的标志;

插入音乐

把小喇叭拖动到合适的位置, 保存一下文件。

3.背景音乐

(1) 点插入菜单, 插入一张新幻灯片, 输入文字"背景音乐", 设好格式;

(2) 点"插入–影片和声音–文件中的声音..", 照着刚才的方法插入一首音乐;

(3) 在出现提示对话框的时候, 选第一个"自动", 出来一个小喇叭在中间;

(4) 由于是背景音乐, 小喇叭图标可以隐藏起来, 把它拖到左边的灰色区域中, 这样播放的时候就看不到了;

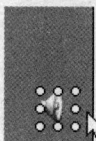
背景音乐

保存一下文件，点菜单"幻灯片放映－观看放映"，看一下音乐的播放效果。

4.插入视频

(1) 插入视频的方法跟插音乐的方法相同，先复制一个视频到自己文件夹，这有一段视频，下载到自己文件夹；然后点菜单"插入－影片和声音－文件中的影片.."，

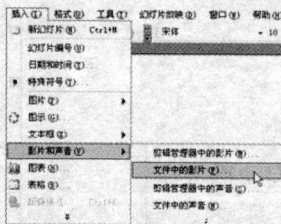

(2) 视频当中既有图像也有声音，效果比较好，缺点是占空间较多，另外视频文件也需要提前复制过来，跟幻灯片文件放在一起；

(3) 插入视频后拖动白色小圆圈控制点，改变图像大小。

（八）动作设置

有时候需要在各个幻灯片来回切换，而默认的单击是下一张，我们可以用超链接的方法来实现，这个操作是添加一个动作设置，下面我们通过一个练习来学习操作。

1.插入目录页

(1) 启动PowerPoint，自动打开一个空白文档；

(2) 点菜单"文件－打开"命令，找到自己的文件夹，选中第四课的幻灯片"练习四"，选中打开；

(3) 在左边的窗格中，选中第一张幻灯片，然后点"插入－新幻灯片.."，在第一张后面插入一张新幻灯片，内容为"空白"；

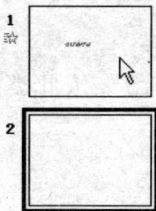

向上拖动新幻灯片，到第一张的前面，这样就把它放到开头去了，点"文件－另存为"命令，以"动作设置"为文件名，保存文件到自己的文件夹；

(4) 插入一个文本框，输入文字"目录"，设置好格式；

(5) 再插入一个文本框，输入"第一张盒状、第二张菱形、第三张棋盘、第四张出现、第五张打字机"（表示按一下回车键）。

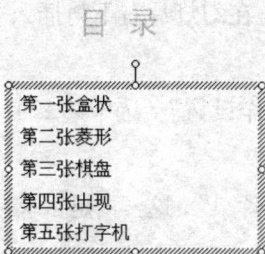

2.动作设置

(1) 拖黑选中第一行"第一张盒状"，瞄准敲右键，选择"动作设置"命令，弹出一个设置面板；

(2) 在上边选中第二个圆按钮"超级链接到"，然后在下边选择"幻灯片.."；

弹出一个小对话框，在里面选中第二张幻灯片"幻灯片2"，点右边的"确定"返回；

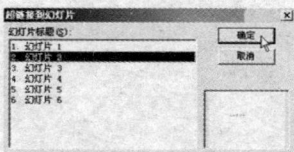

然后再点下边的"确定"返回到幻灯片中,可以发现文字颜色变成彩色,表示有一个超链接;

(3) 同样给第二行文字设置动作,在小对话框中选择"幻灯片3",依此类推直到第五行文字;

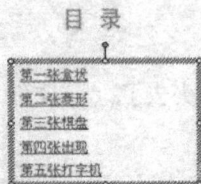

目　录

第一张盒状
第二张菱形
第三张棋盘
第四张出现
第五张打字机

保存一下文件,放映一下,在目录页中点击各行文字,看看是否能直接跳到相应的页面中。

3.设置返回

(1) 返回幻灯片中,在左边窗格选中第二张幻灯片,在幻灯片右下角插入一个文本框,输入文字"返回";

(2) 拖黑选中文字"返回",瞄准敲右键,选择"动作设置",选中第二个"超级链接到(H)";

(3) 在选择幻灯片的小对话框中,选择第一张"幻灯片 1",这一页是目录;

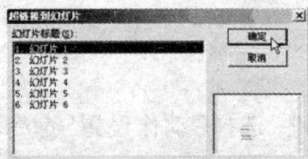

超链接到幻灯片
幻灯片标题(S):
1. 幻灯片 1
2. 幻灯片 2
3. 幻灯片 3
4. 幻灯片 4
5. 幻灯片 5
6. 幻灯片 6
确定
取消

(4) 瞄准这个文本框的边框敲右键,选择"复制"命令,然后到后面四张幻灯片中选"粘贴"命令,都复制一个过来。

第二十四种 Photoshop CS基础入门教程

Photoshop CS简介

CS就是Creative Suite的意思。Photoshop CS2可称作为Photoshop9, 因为从Photoshop8开始, Adobe就已经把Photoshop整合到Adobe Creative Suite内, 并称其为Photoshop CS。

Photoshop CS2是对数字图形编辑和创作专业工业标准的一次重要更新。它将作为独立软件程序或Adobe Creative Suite2的一个关键构件来发布。Photoshop CS2引入强大和精确的新标准, 提供数字化的图形创作和控制体验。

Photoshop CS的基本操作

(一)启动程序

单击"开始－程序－ AdobePhotoshop"; 第一次启动会提示设置颜色, 点"好"即可, 如果又提示下载更新, 则选"否"; 启动PhotoShop后会出现一个窗口, 这是默认的灰色窗口, 所有工作都从零开始。

这个窗口这是创作的基础, 图片处理就在这个窗口中, 下面我们来看一下:

窗口的最上面是蓝色的标题栏, 新建的是"无标题－1"这会儿显示我们正在处理

165

的图片文件，一般要起一个有意义的文件名称；

标题栏下面是菜单栏，菜单是一组命令，我们操作计算机，就是向计算机提供指令，其中"文件"菜单（注：本书中所有带双引号文字都是命令选项）要求记住"存储"和"存储为"两个命令，用来保存我们的文件。

"编辑"菜单中要记住"拷贝"、"粘贴"和填充命令，"窗口"菜单的"工具"和"图层"两个命令，"窗口"菜单中放着各种面板，要求记住"工具"和"图层"两个命令；

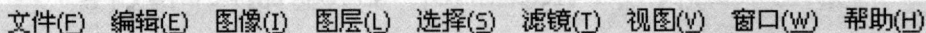

文件(F)　编辑(E)　图像(I)　图层(L)　选择(S)　滤镜(T)　视图(V)　窗口(W)　帮助(H)

菜单栏下面是工具选项，这里放的是选中工具的各个参数，一般从左到右挨着设置就可以了；

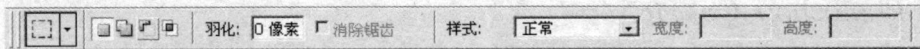

在下面左边是工具箱，里面是各种图形处理工具，分成一栏一栏，最上边是选择类，记住第一排框选和移动工具，第二栏填充类记住画笔和渐变工具，文字类记住文字工具 T；

在下面的颜色类记住上面的是前景色，下面的是背景色，工具里还有放大镜和手形双击手可以自动调整图像显示；

许多工具右下角有一个小黑角，按住鼠标会出来相似的工具，可以完成不同的功能；

在窗口右边是各个面板，各个面板可以在"窗口"菜单中打开和关闭，最常用的是最下边的第一个图层面板，默认自动会有一个"背景"图层，处于锁定状态，不让移动。

（二）创作基础

在Photoshop（以后都简称PS）中新建一个文档可以使用"文件"菜单里的"新建"命令，这时候会弹出一个新建对话框。

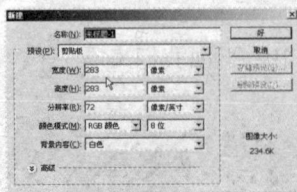

通过这个对话框我们可以认识一下PS的大致操作方法，PS的面板一般都很细致，里面的项目多多，用的时候挑主要的就行了，其他的用默认。

看一下这个新建对话框，里面有"名称、预设、高级"三个选项，其中名称就是文

166

件名，默认的是"未标题−1"，现在可以不用改，等保存的时候再输入也行。"预设"里头默认的是剪贴板中复制的图像大小，可以根据需要把大小改一下，如果是新建就都改为10厘米点右上角的"好"就可以进入了，这时候窗口里就出来一个白色的图像区，在这个里面就可以进行绘图、编辑等操作了，看一下右下角的图层面板，里面有一个白色方块，旁边标的是"背景"，右边还有一把小锁，这是什么意思呢？

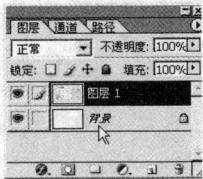

白色方块是工作区里的图像的缩略图，"背景"表示这是最底下的一层，小锁表明当前背景层处于锁定状态，也就是里面的白色是擦不掉的。

这样就成功新建了一个空白的图像，这时候应该选中了画笔工具 ✐，用鼠标在白色图像区里写上"美丽"两个字，看看画笔的效果点击"文件−存储"命令，弹出"存储为"对话框，按照从上到下的顺序进行操作。

在上面选择自己的文件夹，在文件名那儿输入"美丽"，其他选项用默认，点击右边的"保存"按钮，此时弹出"兼容性"对话框，去掉"最大兼容"那个勾，然后点"好"就保存好了。

每次出来挺麻烦的，需要在选项里头去掉，方法是单击"编辑−预置−文件处理"，把下面的"最大兼任PSD文件(M)："右边选择为"总不"，点"好"就可以了。

（三）新建图像

普通的绘图是在纸上画画，在PS里的图像是放在叫作"图层"上面的，新建图像的时候首先会创建一个最下面的背景层，而且用一把小锁锁定；在绘图时，可以在这个背景层上画图，也可以再新建图层，后建的图层压在前一层上面，所有图像叠加起来构成一幅图像。

下面来看一下怎样在图层上画图和写字：

启动PS和进入到工作窗口，如果出现提示框可以点"是"或关闭；

1.点击"文件"菜单，选择"新建"命令，出现"新建"对话框，把宽度和高度都改成10厘米，其他不改，点"好"进入；

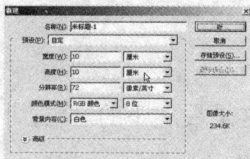

这时候看一下工作区中央出现一个白色的画布，而在右下角的"图层"面板里，可以发现里面也有一个白色方框，旁边写着"背景"，是蓝色的选中状态。

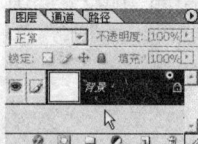

下面进行画图，在工具箱里头选择画笔工具 ，在画纸中央写一个"美"字，注意写的时候不要着急，这儿要注意，虽然字是"美"但它是一幅图像，是画出来的美，那么要写字怎么写呢？

2.在工具箱里头选择"文字"工具 T，再在画纸上那个"美"的左边点一下，这时会出现一个一闪一闪的光标，这才是文字输入的符号；

调出中文输入法，输入"美丽"两个字，文字下面还有一行虚线 ，再在工具栏的右上角找到一个"对勾"按钮点一下 ，这个才是文字的"美"，文字是输进去的，图像是画出来的；

再看一下右下角的图层面板，可以发现文字是单独的一层，在背景层的上面出现一个新的图层，这个就是文字层，里头有个T的标志，PS中图像是一层一层的，互不干扰挺科学的。

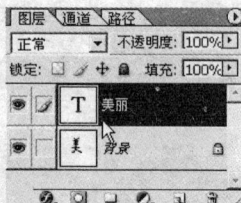

3.下面保存图像，点一下"文件-存储"命令，以"美丽"为文件名，保存文件到自

己的文件夹，方法是：点击"存储"命令后，从上到下的顺序，选择自己的文件夹，输入
文件名，点击"保存"按钮。

美丽

（四）颜色修饰

在工具箱的中间有两个叠起来的颜色块 ，下面的是背景色，也就是画纸的颜色，上面的是前景色，也就是画笔的颜色，点击后可以选择颜色。

启动PS，点击"新建"，把宽度和高度都改为10厘米，然后点"好"进入；

1.选择画笔工具 ，然后在下面的颜色块里头点一下上面黑色的前景色，出来一个"拾色器"面板，注意看一下这个面板：

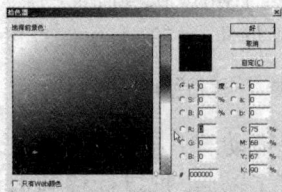

面板分三块，左边是大的颜色区，中间有个细长的颜色条，右边还有一个小的颜色区。

2.在中间的颜色条里点一下绿色，这时左边的大颜色区基本都是绿色，在右上角那儿点一下，这个位置应该是最绿的，这时右上角出现一个圆圈，这时后看下右边那个小颜色区的右下角，看看是否出来一个绿色的小方块，有的话就点一下，没有就不管它，这样三个颜色区都弄好了，我们的绿色也选好了。

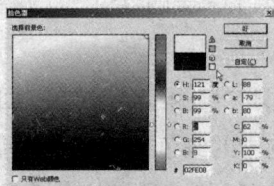

3.点"好"回到工作区，这时候前景色已经是绿色了，用画笔工具写一个"美"，留

点地方等会写那个文字。

4.再选择文字工具 **T**，注意看一下上头的工具栏，这时候变成文字工具栏了，把大小设为24点，再在右边的那个颜色块上点一下，这次我们选红色，先在中间的颜色条上选红色，然后在左边大颜色区里头选右上角，再在右边看看点一下那个小的红色方块，然后点"好"回到工作区里头。

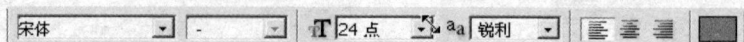

| 宋体 | ▼ | - | ▼ | **T** 24 点 | ▼ | aa | 锐利 | ▼ | ≣ ≣ ≣ | ■ |

5.调出中文输入法，输入"美丽"两个字，这时候出来的应该是红色的文字，底下有条线，再在上头的那个右上角，点一下那个勾确定一下 ⊘ ✓ ➘，这样文字也写好了；保存下文件，点"文件－存储"，以"美丽1"为文件名，保存文件到自己的文件夹。

美丽

（五）选择工具

图像编辑和处理的时候，首先要选中一个区域，我们一般用选择工具来完成，选择工具在工具箱的最上面，第一个就是默认的是框选工具，还可以选择圆形的；

启动PS，然后点击"文件－打开"命令，找到自己的文件夹，打开上次保存的"美丽1"，这个图像包含一个图像层和一个文字层，绿色的"美"和红色的"美丽"。

在工具箱里面选择框选工具，在图像里头试着拖动一下鼠标，可以发现图像中出现一个虚线框，这个区域就是选中的区域；选好了以后，把鼠标移到选框里头，可以拖动这个选框，试着把选框拖到绿色的"美"的第一笔上，在旁边的空白地方点一下，选框就没有了，然后可以重新选择。在空白地方点一下，取消刚才的选择练习，找到我们上次输入的红色文字"美丽"，小心地拖动鼠标，把文字框住，这时候文字外面有个虚线框包围 美丽；单击菜单栏里头的"编辑－拷贝"命令，把选中的图像复制一下；再单击菜单栏"文件－新建"命令，出来新建对话框，直接点"好"，大小已经自动调好了，跟我们选的一样大；再单击菜单栏"编辑－粘贴"命令，把刚才复制的图像粘贴到新建的图层里头；这样就把红色的文字单独保存出来，以"美丽红色"为文件名，保存文件到文件夹。

下面再来把绿色的"美"也选出来单独保存一下；关闭"美丽红色"文件，回到原来的"美丽"文件当中；现在空白地方点一下，去掉刚才选中的红色文字，重新画个大框选中绿色的"美"；下一步该点击菜单"编辑－拷贝"命令了，点一下试试，你会发现出来一个对话框"不能拷贝"。

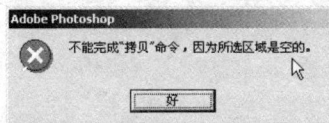

这是怎么回事? 明明选中了"美"怎么说是空的呢, 原因是这个图像有两层, 一层是文字层, 一层是图像层, 虽然只有"美丽"两个字, 但是也占了一层, 点那个"好"关闭对话框; 在右下角找到图层面板, 可以发现现在选中的是文字层, 点一下下面的背景层, 使得图像层变成蓝色选中状态。

然后再点击菜单"编辑-拷贝"命令, 复制一下绿色的美, 然后执行"文件-新建"命令, 点"好"进入, 然后点击"编辑-粘贴"命令把绿色图像粘贴进来; 以"美丽图像"为文件名, 保存文件到自己的文件夹, 这样就成功地完成了两个图像的分别保存。

美丽

(六) 发布图片

前面保存的图像文件都是.psd格式的, 这是Photoshop专用的格式, 相当于图像的源文件, 我们平常在电脑上用的图片格式一般是JPG和GIF格式。

发布图片这里可以采用另存为的方法, 首先保存成默认的psd格式, 然后再另存一份JPG格式的图片; 打开上次的"美丽1"文件, 这是一个psd文件, 在Photoshop里头可以打开和继续修改; 点击菜单栏"文件-存储为"命令, 出现一个另存对话框, 这时候可以发现文件格式里头是"Photoshop (*.PSD;*.PDD)"格式;

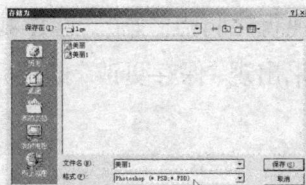

在这个格式里头点一下鼠标左键, 出现下拉列表, 选择"JPEG (*.JPG;*.JPEG)", 这时候可以发现文件名也改成"美丽1副本.jpg", 留下美丽1, 后头的副本.jpg用退格键删掉;

171

文件名 (N): 美丽1副本.jpg

格式 (F): JPEG (*.JPG;*.JPEG;*.JPE)

美丽1

JPEG (*.JPG;*.JPEG;*.JPE)

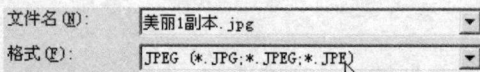

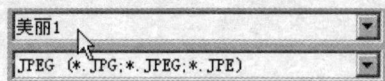

点击"保存"按钮，这时候出来一个对话框，要对图片质量进行设置，一般的图片可以直接点"好"用默认的选项，如果是照片类的，可以拖动中间的游标到最右边，这样图片的质量是"最佳"，当然文件也较大些；先拖到最左边的"小文件"，看一下窗口里的图片效果，可以发现颜色变得很模糊，再拖到最右边，这时效果要好一些，选择一个合适的位置(品质10)，然后点"好"，这样我们就成功地保存了一份JPG图像。

GIF格式跟它类似，只是在选择文件类型的时候，选择"CompuServe GIF (*.GIF)"，上面的文件名也修改一下。

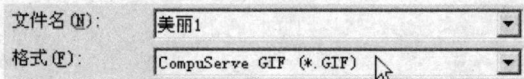

文件名 (N): 美丽1

格式 (F): CompuServe GIF (*.GIF)

点"保存"后，会先出来一个要求拼合图层的对话框，点"好"合并两个图层，然后出来GIF图像的设置，里头可以修改一下颜色，默认是256色，GIF图片有个特点是可以做成透明的。

Adobe Photoshop

要拼合图层吗？

好　　　取消

GIF 选项

行序
正常 (N)
交错 (I)

好　　取消

这儿都用默认的，看一下然后直接点"好"，出现行序再点"好"，这样我们又成功地保存了一份GIF图像，关闭"美丽1"，注意如果出现"保存更改"的提示，选"否"。

(七) 文字变形

文字有时候也叫文本，特点是必须要放在一个单独的层里头，这一层就是文字层，里头的对象是一段文字，文字构成一个整体，因此不大容易添加效果，需要转换成普通层才行；文字对象包括字体、字号、颜色等格式，修改的方法是在文字工具栏里头从左到右依次修改，修改前当然要先选中文字；

启动PS，新建一个宽和高都是10厘米的空白文档，点"好"进入工作区窗口；

1.在左边的工具箱里选择文本工具 **T**，在白色的画布上面点一下，调出中文输入法，输入"美丽的校园"五个字，这时候文字下面有一条下划线 美丽的校园，点工具栏右侧的勾确定 🚫 ✔️ 🖐️ (如果有错误就点旁边那个叉来取消)；接下来设置文字的格式，在文字上拖动鼠标，选中文字 美丽的校园 ，找到上面的工具栏，从左到右依次设为：字体选"楷体_GB2312"，大小为36点，颜色为红色，然后点一下右边的勾；

点击菜单"文件－存储"命令，以"美丽的校园"为文件名保存文件到自己的文件夹；

重新选中文字，再点击工具栏上颜色旁边的"变形"按钮 ，这时会出现一个"文字变形"面板，在里头点击"无"旁边的下拉按钮，在里头选择"扇形"效果，然后点"好"，这时候画布上的文字变成扇形，点一下工具栏上的勾确定 🚫 ✔️ 🖐️ ，用移到工具 ✛ 调整一下文字的位置，摆到正上方(如果有错误就点旁边那个叉来取消)；

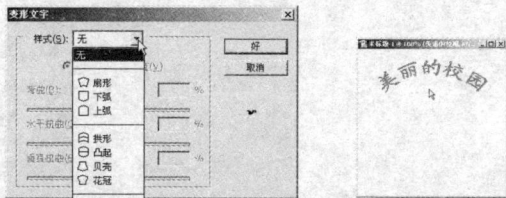

按Ctrl+S组合键保存一下文件，准备做第二个效果，先来复制文字。

2.在工具箱里选择"移动"工具 ✛ ，按住Alt键不松，然后拖动上面的红色文字，这时候就复制出一个文字来，把它放在画布的中间，松开鼠标和Alt键，文字就出来了，跟上面的一模一样，拖的时候注意观察鼠标指针的形态，当变成重叠的时候开始拖动；

再选择"文字"工具 **T**，选中刚复制的文字，在工具栏上把格式修改为字体选"宋体"，字号选36点，颜色选蓝色，在文字变形 里头选"旗帜"，点"好"后，点一下勾确定(如果有错误就点旁边那个叉来取消)；

3.按Ctrl+S保存一下文件，再把第二个文字，用Alt键+拖动的方法，复制到下面，这是第三个文字；将第三个文字格式设为：字体选"幼圆"、大小36点、颜色绿色、变形为"挤压"，然后打钩确定，这样我们就完成了三段文字的设计；

按Ctrl+S保存一下文件，然后用"存储为Web所用格式"保存一份GIF图像，看一下右下角的图层面板，里头应该有三个文字图层和一个背景层。

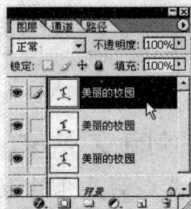

174

第二十五种　制作PDF电子书

PDF电子书简介 ／

现在PDF格式的电子书很常见，与其他文档格式相比，PDF格式可以在各种操作系统中通用，而且采用工业标准的压缩算法，一般来说体积更小，而且PDF文档中的图片是矢量图，放大也不会出现失真。使用不同版本的软件会出现文件无法打开或者排版混乱的问题。

PDF电子书的制作 ／

◇Adobe Acrobat8.0 主界面

制作PDF电子书其实很简单，这里我们使用的是Adobe公司的PDF文件制作工具——Adobe Acrobat8.0。

1.导入电子书素材

◇导入合并文件

打开Adobe Acrobat软件，在此打开一个PDF制作向导。在此单击"创建PDF"打开创建向导对话框。程序显示了"从单个文件创建、从多个文件创建、从扫描仪创建、从网站创建"等多种创建方式。我们可以根据自己创建PDF的素材来选择创建方式。因为我们的版面较多，所以选择"从多个文件创建PDF"，然后再选择添加文件，选择所有需要制作的素材或者添加一个存放素材的文件夹,转换设置一般设置为默认即可,然后点击下一步,选择"合并文件到单个PDF",再选择"创建"即可。接下来就开始进行导入和转换,在导入过程中 Adobe Acrobat 会自动扫描文档中的有关信息,比如图片、段落类型、链接、目录等,随后在PDF文档中出现的链接、目录等与原文一一对应,在生成的PDF文件中的所有可视信息都和原来的文件相同。最后另存为即可,现在就已经制作好了一个包含多个页面的PDF电子书,第一步工作已经完成。

2.调整电子书细节

打开之前制作好的"半成品"电子书,由于整体批量导入,页面比较混乱,所以我们首先需要把电子书的各个页面按顺序排列好。点击主窗口左边的"页面"图标,这时会显示出包含的所有页面的缩略图,如果需要调整顺序,只需要拖动一个缩略图,移动到相应的位置即可。

页面顺序调整好之后,工作基本上就完成一大半了,接下来就是设置文档的属性,给电子书加上标题等备注信息。点击"文件"选项选择"属性",即可在出现的设置窗口中对文档进行设置,比如这里我们可以添加标题、作者、主题和关键词等。

3.为电子书添加注释

完成了上一步,我们的电子版基本上就完成了,由于我们的电子版是给广大的读者阅读的,所以说不能设置得太复杂,但是在你制作自己的电子书的时候,还可以对书中的关键地方设置注释等信息。

选择添加注释。打开PDF文件,单击"显示注释和标记工具栏",随后打开一个注释工具栏。单击该工具栏中的注释,我们可以看到在PDF相应位置出现一个注释框,在注释框中输入添加的注释信息即可。当我们添加了多个注释信息后,PDF页面会出现多个注释框,这样会影响我们浏览PDF中的文件内容,这样我们可以通过单击注释框中的右上角的"隐藏"按钮,将注释框进行隐藏即可。这样在文件中只显示一个注释图标,以后浏览注释信息时,双击该图标即可显示。

4.美化电子书

当然还能把我们的电子书制作得更加精美,在 Adobe Acrobat 中除了能添加注释外,我们还可以根据自己的需要为PDF进行修饰,如添加水印、更换背景色,这样可以对PDF起到美化效果。

(1) 设置水印

为PDF添加水印效果时,单击菜单中的"文档→添加"命令打开"添加对话框,在"文本"项中输入添加水印的文本内容,并设置好字体、字号。切换到"外观"项下在

"旋转"项中选择一个水印文字旋转的角度，并设置好"不透明度"。设置后我们可以在右侧的预览窗口中预览水印效果，满意后单击"确定"，这样即可将水印效果添加到当前的PDF文档中。如果我们只想对指定的页面进行添加水印，单击"添加水印界面中的"页面范围选项"，随后在打开的"页面范围选项"中，输入指定的页数即可。

（2）为PDF添加背景时，我们可以单击菜单中的"文档"→"背景"→"添加"命令，在打开的添加背景窗口中，我们可以根据自己的需要来选择背景颜色并设置好添加背景的页面。

5.为电子书加密

由于是作为电子文档的保存格式，那么文档的安全性也非常重要，我们可以将PDF文件进行加密。

为PDF设置密码时，单击菜单中的"高级"→"安全性"→"口令加密"，在弹出的"口令加密"对话框中我们可以输入一个打开文档的密码，这样以后再打开该文档时，我们只有输入密码才能打开。如果我们不想让其他用户更改PDF文件，我们可以在"口令加密"对话框中输入"更改许可口令"，这样只有知道密码的用户才能修改我们的PDF文件了。

第六篇　音频、视频、动画制作技术

第二十六种 Goldwave基础入门教程

Goldwave简介

Goldwave是一款音乐编辑软件,体积小巧,操作简单,用来处理音乐文件挺好的;该文件汉化版,可以在华军软件园下载,也可以在常用教具中下载。

Goldwave 基本操作

1.启动Goldwave

(1) 点击桌面上的Goldwave图标,或者在安装文件夹中双击Goldwave图标,就可以运行Goldwave;

(2) 第一次启动时会出现一个提示,这儿点"是"即可,自动生成一个当前用户的预置文件;

(3) 顺利进入后出现一个灰色空白窗口,旁边是一个暗红色的控制器窗口,它是用来控制播放的;

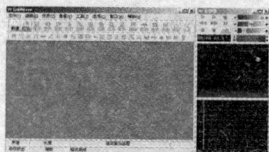

181

2.打开文件

(1) 点击工具栏上的第二个按钮"打开"按钮[打开]，在出来的打开对话框中选择一首音乐文件，打开它；

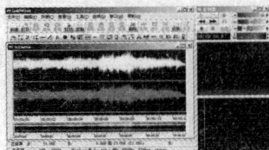

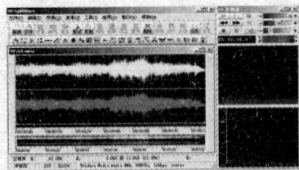

(2) 打开文件后，窗口中间出来彩色的声波，中间两个表示是立体声两个声道，下面有音乐的时间长度，右边的播放控制器也可以用了；绿色三角是播放按钮 [▷]，蓝色方块是停止[■]，下面的两道竖线是暂停[∥]，红色圆点是录音按钮[●]；

(3) 点一下绿色的播放按钮，窗口中出现一条移动的指针，表示当前播放的位置，右边的控制器里显示了精确的时间；

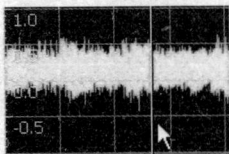

(一) 音量调节

有时候音乐的音量太高或太低，需要适当调整下，在Goldwave中有一个效果菜单中可以修改；

(1) 点击工具栏上的第二个"打开"按钮[打开]，在出来的打开对话框中选择一首音乐文件，打开它；

(2) 点菜单"效果-音量-更改音量"命令，出来一个对话框：

在出来的对话框中，在右上角的下拉按钮上点一下，选择-6.0206负数是降低音量，也可以自己输入；

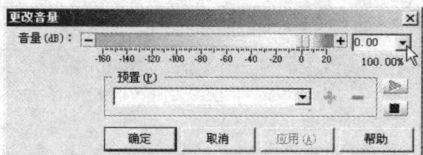

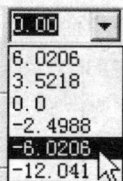

点下边的绿色播放按钮 ，试听一下效果，然后点"确定"，回到窗口中，可以发现波形变小了；

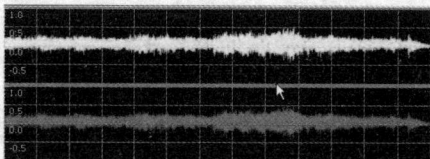

(3) 点"文件−另存为"，以m1a为文件名，保存文件到自己的文件夹，除了可以调整音量外，还可以选中开头部分，设置淡入，把结尾部分设为淡出。

(二) 格式转换

音乐格式常见有Mp3、wma、wav、rm等，通常它们各有优点，因而用在不同的场合中；

(1) 点击工具栏上的第二个"打开"按钮 ，在出来的打开对话框中选择一首音乐文件，打开它；

(2) 点菜单"文件−另存为.."命令 ，出来一个保存对话框，先在上面的"保存在"中找到自己的文件夹；

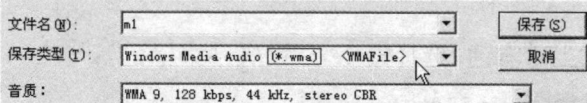

从下边的"保存类型"中可以看出是wma格式文件，我们要把它转为mp3格式；

(3) 在保存类型旁边的下拉按钮上点一下，选择Mp3格式；

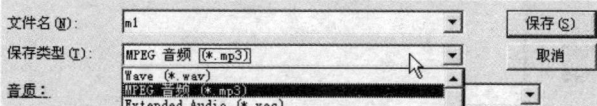

(4) 然后在下边的"音质"旁边的按钮上点一下，选择"Layer−3, 22050 Hz, 48Kbps, 立体声"；

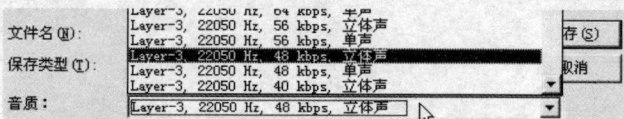

(5) 选择好了以后，点"保存"按钮，就可以生成一个Mp3格式的m1文件，在出

来的确认对话框中，点"是"即可；

（三）截取音乐

有时候我们只需要音乐中的片段，在GoldWave中是如何操作呢？

(1) 点击工具栏上的第二个"打开"按钮 打开 ，在出来的打开对话框中选择一首音乐文件，打开它；

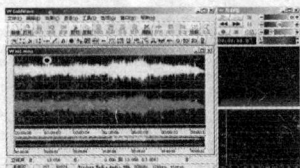

(2) 这时候音乐是全部选中的，我们把第三格截取出来，点左键是选择开始点；瞄准第三格左边的格线单击左键，这样前两格就变灰了；

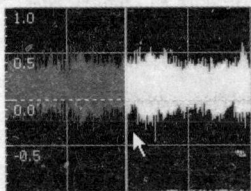

(3) 在第三格的右边格线上敲右键，选择第二个"设置结束标记"；

这样就可以把第三格选中了，其他部分是灰色的；

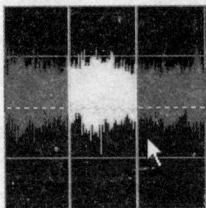

(4) 点菜单"文件-选定的部分另存为.."命令, 以 m1c 为文件名, 格式不变, 保存文件到自己的文件夹;

(5) 如果要精确截取某一段音乐, 在控制面板播放音乐后, 点"暂停"按钮暂停音乐, 然后点菜单"编辑-标记-放置开始标记";

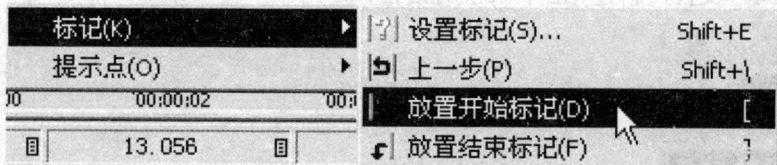

然后继续播放, 到位置后, 同样再点"放置结束标记", 这样也可以选取好;

如果知道播放的时间, 可以选上面的"设置标记.."命令, 把起始和结束时间填上就可以了;

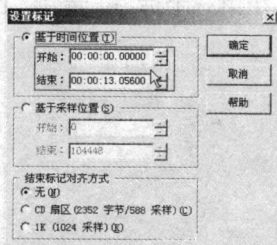

(四) 声道分离

有时候我们需要把歌曲中的音乐部分存下来, 如果这首音乐是立体声的, 那么两个声道可以单独存下来;

(1) 点击工具栏上的第二个按钮"打开"按钮 , 在出来的打开对话框中选择一首音乐文件, 打开它;

(2) 点菜单"编辑-声道-左声道";

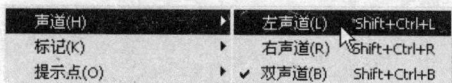

(3) 这时候在中间的面板中, 只选中了上面的绿色波形, 下面的红色波形是灰色的;

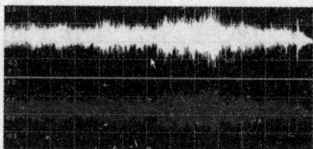

(4) 点菜单"文件-选定部分另存为.."命令, 以m1d为文件名保存文件到自己的文件夹;

(五) 如何录音

这一节我们来学习在GoldWave中的录音操作, 我们一般是录制麦克风中的语音;

(1) 点菜单"文件-新建"出来一个对话框;

把第二个采样率改为22050,下边的时间改为5分钟, 点"确定"返回, 窗口中出来空白文件;

(2) 点菜单"选项-控制器属性..", 出来一个面板, 在第三个标签"音量"上点一下;

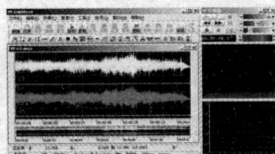

在面板中间的输入设备中, 选择下边的"麦克风"打钩选中, 也就是从麦克风中录音, 点"确定"返回;

(3) 将麦克风插到电脑上, 红色插头插到红色插孔中,

然后在Goldwave右侧控制面板上, 点击红色圆点的"录音"按钮●, 然后对着麦克风说话就可以了; 点击红色的方块按钮■, 是停止, 两条竖线是暂停录音▌▌;

(4) 如果录音音量太小, 可以到"音量属性"中修改;

①在任务栏右下角的小喇叭图标上双击, 打开音量属性;

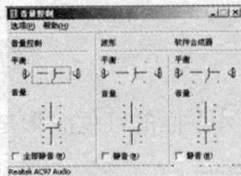

②点菜单"选项-属性"命令, 出来一个面板, 在中间选择"录音", 在下面把麦克风打钩, 其他去掉, 点"确定"返回;

③再点菜单"选项-高级控制"命令,在面板下面出来一个"高级"按钮,点击这个按钮;

④把下面的1 Mic Boost打钩选中,这样录音音量会增加许多,点关闭回到面板中,把音量适当降低;

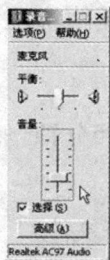

这样就调整好了音量,回到Goldwave中继续录音即可。

(六)录制电脑播放的音乐

有时候碰到一些好听的音乐或是在线电影,可以用GoldWave录下来。

1.设置录音设备

(1)点"开始-所有程序-附件-娱乐-音量控制",也可以在屏幕右下角的小喇叭上双击;

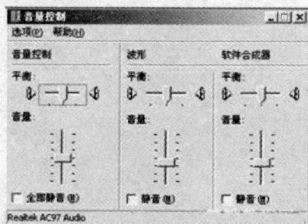

(2)点菜单"选项-属性"命令,出来一个面板,在中间选择"录音",在下面把混合立体声 Stereo Mix打钩,其他去掉点"确定"返回;

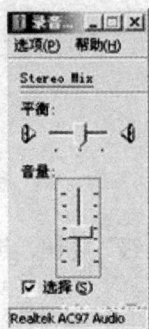

(3) 适当调整滑块音量大小, 也可以先最小化, 录一段试听后再调整;

2.录制音乐

(1) 在GoldWave中新建一个音乐文件, 一般歌曲可以用22050和5分钟, 然后点红色的录音按钮;

(2) 播放音乐文件, 这样Goldwave就可以录制了, 录好后保存一下文件。

第二十七种　视频编辑基础入门教程

视频文件是指电影类的文件，在播放时既有图像动画，又有音乐的多媒体格式。

（一）常见类型

1.Windows视频格式，包括WMV、AVI格式，其中AVI又演变为许多种类，默认的图标是 ，播放器是Windows MediaPlayer；

2.RM和RMVB格式，一般用Realplayer播放器来播放，默认的图标 ，播放器是Realplayer；

3.电影类格式，如VCD和DVD格式，VCD格式的文件类型是DAT，DVD格式的文件类型是VOB，一般可以用超级解霸、WinDVD等播放；

（二）视频文件的播放

1.视频文件一般都比较大，因此采用压缩数据存储，不同的压缩格式，需要不同的播放器来播放，

压缩的时候需要编码器，播放的时候需要解码器，如果找不到，就只能听到音乐。

2.为了能够播放各种视频文件，有些播放器集成了多种解码器，像暴风影音等。

视频编辑的基本操作

（一）录制视频

视频文件一般可以从光碟中获得，也可以自己录制，或者从网上下载（注意版权）。

录制视频可以用数字摄像机，或摄像头一类的设备。录制视频的软件有多种，像摄像头自带的amcap程序，WinXP自带的Windows Movie Maker等；

1.使用摄像头自带amcap程序

（1）启动视频软件

①摄像头自带amcap程序，点"开始－所有程序－PC Camera－Amcap"；

②进入后出现一个空白窗口，是未开始录的状态，菜单是英文的；

③点菜单"Options－Preview"命令，摄像头灯闪亮，窗口中出现画面；Preview是预览的意思，也就是提前查看一下效果；

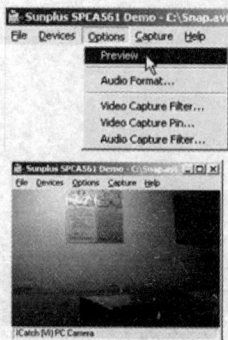

（2）录制视频文件

①点菜单"File－Set Capture File.."命令，在出来的对话框上边选择一个文

件夹, 在下面给视频文件起个文件名, 点"打开"按钮后, 出来一个文件大小, 直接点
"OK"按钮, 默认的是存放在C盘, 文件名是Snap;

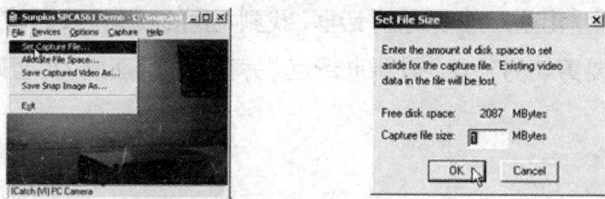

②准备好以后, 点菜单"Capture–Start Capture"命令, 出来一个确认对话框,
点"OK"开始捕获视频。窗口下边的状态栏, 有数字在不断滚动, 表示正在录制;

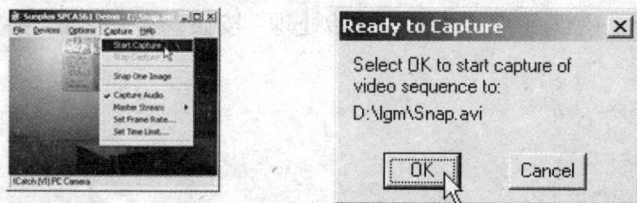

③录制好了以后, 点菜单"Capture–Stop Capture", 停止录制, 下面的数字也
停止了, 到存放的文件夹里去可以找着录好的文件;

由于是没有压缩的视频格式, 因此文件的体积很大, 还需要进一步的压缩处理。

Snap
视频剪辑
273,017 KB

视频剪辑 ╱

用"切割、索引工具"剪辑视频, 可以用来剪切WMV视频文件;

1.启动软件

(1) 安装后在开始菜单中, 找到点击打开, 出现一个面板;

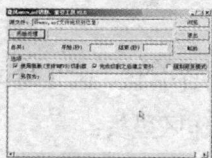

(2) 按照从上到下的顺序, 在上面的第一行右边点浏览, 找到上次在"我的文

191

档－我的视频"里存的"练习",点击打开,中间会出来秒数,这儿大约是50秒,在开始里填入5,结束那儿填10,注意结束那儿要比总长度少1,也就是最多是49秒;点下面一行的另存为,打钩选中,出来一个保存对话框,找到"我的视频"文件夹,在文件名那儿输入"练习b",若要剪切另一段,需要重新点"另存为"前面的勾,否则会覆盖前一个;

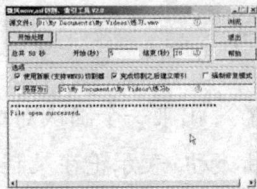

(3) 检查一下,没什么错误就点上面的"开始处理"按钮,过一会儿,会提示成功;

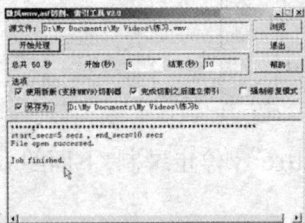

然后到"我的文档－我的视频"中,就可以找到一个刚才剪辑的文件。

视频剪辑

用Windows Movie Maker编辑影片。

1.启动视频软件

(1) 点"开始－所有程序－Windows Movie Maker",启动WinXP自带的视频制作软件;

(2) 进入后出现一个空白窗口,在左边任务中找到第一个"捕获视频",点下边第二行的"导入视频",在出来的对话框里选择上次保存的"练习";

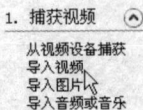

(3) 然后开始导入,过一阵后,中间的工作区里头出来各个片段,这儿是自动分割的,名称依次是"练习001、002…"等等,先存放在中间的工作区里头;

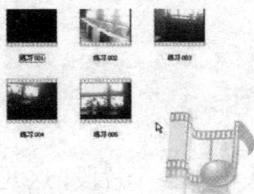

(4) 选中第2个"练习002"，然后在右边的播放器那儿看一下总长度，然后点播放按钮，到第2秒的时候，点一下暂停按钮，让它停下来，不太准就点旁边的"上一帧、下一帧"按钮仔细调节；

(5) 点菜单"剪辑–拆分"命令，把"练习002"再拆分一下，出来一个"练习002(1)"的剪辑；

练习 002　　　　　练习 002 (1)

(6) 把"练习002"拖到下面的时间线上，这样就可以把这一段从视频当中取出来；

(7) 接下来用第3课当中的方法，点"完成电源"中的"保存到我的计算机"，然后按提示一步一步往下走，文件名称改为"练习c"，最后就可以保存一个视频文件。

编辑视频 ╱

1.启动视频软件

(1) 点"开始–所有程序–Windows Movie Maker"，启动WinXP自带的视频制作软件；

所有程序(P)　　ICatch (VI) PC Camera　▶
　　　　　　　　Windows Movie Maker

(2) 进入后出现一个空白窗口，在左边任务中找到第一个"捕获视频"，点下边第二行的"导入视频"，在出来的对话框里选择上次保存的"练习"；

第二十七种　视频编辑基础入门教程

1. 捕获视频

从视频设备捕获
导入视频
导入图片
导入音频或音乐

（3）然后开始导入，过一阵后，中间的工作区里头出来各个片段，这儿是自动分割的，名称依次是"练习001、002…"等等，先存放在中间的工作区里头；

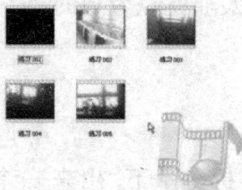

（4）按照上一课的方法，用"剪辑-拆分"命令，把"练习002"切出2秒来，然后把"练习003"也切出2秒来；把握不准可以点播放器那儿"上一帧、下一帧"按钮仔细调节；

（5）把"练习002"拖到下面的时间线上第一格里，把"练习003"拖到第二格里，这样就把这两小段视频连到一起了，在右边的播放器里，点播放按钮，可以看一下连接的效果；

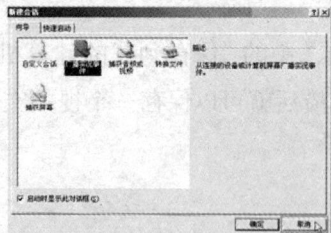

（6）点"完成电源"中的"保存到我的计算机"，然后按提示一步一步往下走，文件名称改为"练习d"，最后就可以保存一个视频文件。

录制QQ视频

在QQ上可以进行视频聊天，可以试着录下来存放，注意不得侵犯他人肖像权和版权，需要经过对方同意。介绍用Windows Media Encoder来进行录制方法，同样的方法也可以录制电脑屏幕，进行教学演示；

1.启动视频软件

(1) 点"开始-所有程序-Windows Media-Windows Media 编码器",启动编码器,出来一个"新建会话"面板;

(2) 在出来的"新建会话"面板右下角点"取消",去掉这个面板;

(3) 启动QQ视频,跟对方连线后,出来视频面板,

点视频面板中的一排菜单最右边的">>"按钮,选"浮动视频窗口",这样视频就单独出来一个窗口,把它移到屏幕右边一些,准备好;

(4) 回到视频软件的窗口,在工具栏中找到"属性"按钮,点击打开属性面板;

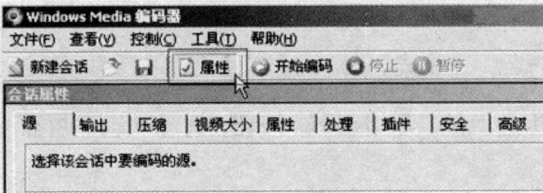

(5) 在第一个标签"源"的中间,找到"默认的视频设备",点一下选择"屏幕捕获",出来一个提示,点"确定";

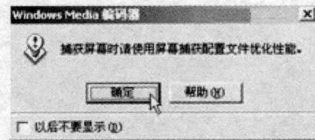

(6) 点旁边的"配置"按钮,显示一个配置面板,在中间的"整个屏幕"长条上点一下,选择"窗口";

195

(7) 在下面的一个小方框中间是圆按钮, 也可以用了, 把它拖到视频窗口上松开一下, 就锁定了视频面板;

(8) 点上面的"输出"标签, 在中间将"编码到文件"勾上, 其他去掉, 点右边的浏览, 找到"我的文档-我的视频", 文件名设为"qq";

(9) 在旁边的"压缩"标签中, 勾上"340", 其他的去掉, "属性"里面可以输入一些相关内容;

(10) 都准备好以后, 点工具栏上的"开始编码"按钮, 就可以录制屏幕了, 点旁边的"停止"结束。

第二十八种　Flash8.0基础入门教程

Flash简介 /

Flash是美国的macromedia公司于1999年6月推出的优秀网页动画设计软件。它是一种交互式动画设计工具，用它可以将音乐、声效、动画以及富有新意的界面融合在一起，以制作出高品质的网页动态效果。

Flash的基础操作 /

(一) flash入门操作

启动Flash，在桌面找一个红色图标 双击即可启动，也可以单击"开始"－"所有程序"，在程序菜单中找到Flash或者Macromedia菜单选择Flash 8项；

启动Flash后会出现一个窗口，这是默认的开始页，供我们选择，找到中间一栏的"创建新项目"中的"Flash文档"，单击选中它，进入到新建窗口当中，也可以先选中下面的"不再显示此对话框"，这样以后每次可以直接进入新建窗口；

· 学习 Flash
· 了解 Flash
· 查找授权培

✓ 不再显示此对话框

建窗口动画制作就在这个窗口中：

197

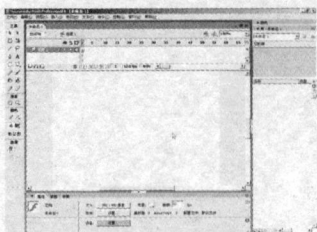

窗口的最上面是蓝色的标题栏, 当前影片自动给了一个名称[未命名-1], 在"保存"文件时要改为一个有意义的文件名称;

Macromedia Flash Professional 8 - [未命名-1]

标题栏下面是菜单栏, 菜单里头是一些命令, 其中"文件"菜单 (双引号里的文字都是命令) 要求记住"保存"、"新建"命令, 都跟文件操作有关;

文件(F)　编辑(E)　视图(V)　插入(I)　修改(M)　文本(T)　命令(C)　控制(O)　窗口(W)　帮助(H)

"插入"菜单中要记住"新建元件..."命令, "修改"菜单的"组合"和"转换为元件"两个命令, "窗口"菜单中显示各种面板, 要求记住上面的"属性"面板;

再下面是编辑栏, 包括文档的标题, 当前的场景1, 右边还有两个按钮, 一个是场景按钮, 一个是组件按钮, 旁边是显示比例;

未命名-1

时间轴　　←　　场景 1　　　　　　100%

工具

工具栏下面就是工作区了, 在工作区的左边是工具箱, 里面有许多的绘图和修改工具, 跟Windows里的画图差不多。

要求记住黑"箭头"工具, 它是用于选择图形的, 下边还有两个瓶子, 要注意区分, 左边的"墨水瓶"工具是用来给铅笔和直线喷颜色, 右边的"油漆桶"工具用来给圆和框内部填充颜色 (必须要封闭), 也给刷子喷色, 使用时一定要细心, 不要搞反了, 工具下边还有放大镜和手形, 双击手可以自动调整工作区;

选中一些工具后, 下边还有选项, 可以完成不同的功能, 再下面是颜色, 上面是给

线条涂色的边框色 ✏️🔳，下面是给内部里面喷色的填充色 🪣🔳；

　　在工具箱旁边是时间轴面板分成了两块，左边是图层面板，自动有一个灰色的"图层1"，上边有三个按钮：一个眼睛一个小锁和一个方框，图层面板中可以添加、删除、选中图层，单击右上角的时间轴标签可以折叠这个面板；

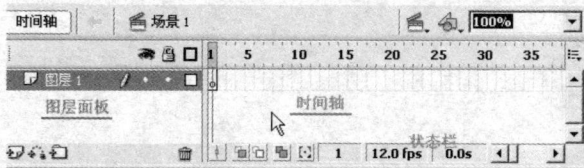

　　右边是时间轴，上面有许多的小格子，每个格子代表一帧，整数的帧上有数字序号，而且颜色是灰色，每一帧可以放一幅图片，动画就是由许许多多帧组成的，帧上面有一个红色的线，这是时间指针，表示当前的帧位置，同时下面的时间轴状态栏也有一个数字表示第几帧；

　　工作区的中央空白是场景，所有的画图和操作都在这个白色的区域中实现，也只有这个区域的图像才能在动画中播放出来；

　　窗口的最下方是属性面板，在紫色标题栏单击可以展开和折叠，在上边的白色下拉按钮━━━▾━━上单击一下可以折叠所有面板；

　　在窗口右边还有一块侧边栏，可以显示一些复杂的应用，暂时可以隐藏，以便腾出一些空间来，隐藏的方法是，点中间的白色折叠按钮。

（二）动画基础

　　动画是指物体在一定的时间内发生的变化过程，包括动作、位置、颜色、形状、角度等等的变化，在电脑中用一幅幅的图片来表现这一段时间内物体的变化，每一幅图片称为一帧。

　　当这些图片以一定的速度连续播放时，就会给人以动画的感觉，而静止的物体则用一幅幅相同的图片来表示，我们只要制作出动画的第一帧和变化后最后一帧的图片（两个关键帧），中间的过渡电脑会自动生成，快速播放这些图片，就可以产生动画的效果；

　　看看这幅动画，里面有一辆小车和一条路，在Flash中怎样制作出来的呢？

　　启动Flash，先准备一下，双击一下手形工具🖑，调整好工作区大小，这个以后经常会用到；

　　先制作小车，从左边的工具箱中选择矩形工具🔲，看一下工具箱下边的颜色，然后在白色的工作区左边画一个长方形作车厢，再选择椭圆工具，画两个圆当作车轮；

再从左边的工具箱中点一下黑色的箭头工具 ，它是用来选择物体的，用箭头工具画一个大框把小车整个框住，然后单击菜单栏中的"修改"菜单，选择"组合"命令，把小车组装起来，这时就是一个小车对象，外边出现一个蓝色的框；

这样就有了小车的一幅图片，这时小车在左边，小车最后跑到了右边，我们只需做出两头的关键帧图片，中间的让电脑来制作；

在第20帧上单击鼠标右键，在弹出的菜单中选择"插入关键帧"命令，电脑自动照着第一帧，给20帧插入了一个一模一样的小车；

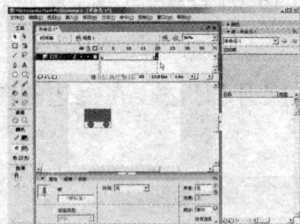

将鼠标指针移到小车上，这时出现一个双箭头指针 ，按住左键小心地把工作区左边的小车拖到右边，这样第一帧小车在左边，第20帧小车在右边，中间小车跑动的图片电脑会自动插入；

在第一帧上单击鼠标右键，在弹出的菜单中选择"创建补间动画"，这时在第1帧到第20帧颜色会变蓝紫，上面有一个从左到右的箭头，表示电脑已经成功地插入中间过渡帧；

下面画公路，路是静止不动的，因此跟小车要分开画，单击图层面板下边的第一个"+"号按钮 ，在图层1上新增一个图层2，电脑自动按照图层1给图层2插入20帧空白帧，再在图层2的第一帧上点击一下鼠标，选中第一帧，在左边工具箱中选择直线工具 ，在小车的上下各画一条长的直线，这样公路也制作好了，公路是静止的，因此

只需要一个关键帧，从第一幅图片一直延伸到最后；

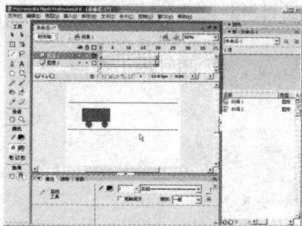

动画制作好了要播放一下，左手先按住Ctrl键不松手，右手按一下回车键（Ctrl+回车键），就可以观看动画了，返回的方法是Ctrl+W或者是在"文件"菜单里选择"关闭"命令；

最后再对动画进行一下整理，按Ctrl+W返回到场景中，单击"文件"菜单选择"保存"命令（Ctrl+S），在弹出的对话框中找到自己的文件夹，以"我的小车"为文件名，保存文件；

再在"图层1"上双击鼠标，输入"小车"然后按回车键，同样在"图层2"上双击把名称改为"公路"，车应该在路的上面，按住鼠标左键拖动"小车"这一层到"公路"的上面，然后松开鼠标，再保存一下文件，测试一下影片，每次修改后都记着保存一下、测试一下；

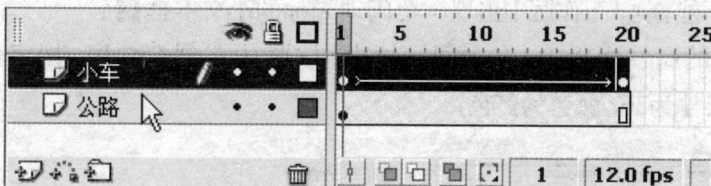

1.移动和旋转

先熟悉一下基本操作：双击手形图标可以自动缩放，"窗口"菜单中可以显示各个面板，鼠标左键用于选择（单击），右键用于命令菜单，鼠标在空白地方敲一下可以取消错误的操作；

窗口由标题栏、菜单栏、工作区组成，工作区是画图的主要场所；操作中要留心注意鼠标指针形状的变化，不同形状表示不同的意思；窗口面板乱了，就点菜单"窗口-工作区布局-默认"，回到开始的布局界面；

制作一个简单的动画效果如下，"您好"两个字从上面落下来，"欢迎……"从左边跑右边，再回来转圈；

（1）修改场景

启动Flash，默认新建一个未命名-1，将任务栏上的多余窗口关闭，留下Flash和教程两个窗口最大化，每次在任务栏上切换，每一段理解后操作，拿不准的检查一下；（也可以让它们并排显示，点标题栏切换两个窗口），首先设置一下工作区,先双击一下手形工具 ,调整好工作区大小,再找到工作区下面的属性面板,如果以前关闭了,就到"窗口"菜单中选择"属性"命令,调出属性面板;单击属性面板的右边,"背景"旁边的颜色按钮 ,在弹出的颜色盘里头选择黑色,再把旁边的帧频改为6。

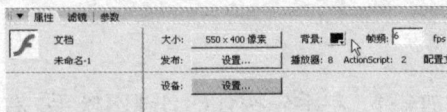

(2) 创建元件

选择"插入"菜单中的"新建元件"命令,弹出一个对话框;

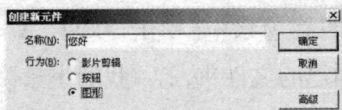

在"名称"选项中输入"您好",在下面选择"图形",检查正确后单击"确定"按钮,此时在编辑栏上出现一个标题为"您好"图标为红绿蓝方块的按钮,现在是创建一个图形元件;

输入文字:在工具箱中选择文本工具"A",在工作区中央十字架附近点一下鼠标左键(不能拖),工作区中出现一个闪动光标的小文本框;

在下边的属性面板中,在中间一栏中,按照从左到右顺序,把字体为"楷体_GB2312",尺寸为36,颜色为红色;

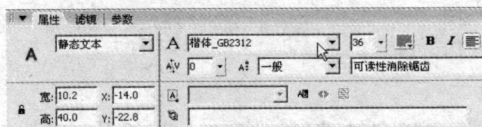

检查一下,然后在文本框中输入汉字"您好"(如果文本框没了再点一下);

用箭头工具 将文字拖到十字架的中心,这样第一个元件就制作好了,单击时间轴上方,编辑栏中的"场景1"按钮 回到场景中;

再单击"插入"菜单选择"新建元件",把名称改为"欢迎",选择"图形",单击"确定";

再选择"文本"工具,在工作区中央点一下,输入"欢迎进入Flash世界",选择箭头工具,将文字放在十字架的中央(在"F"中间的横线那儿之间),再用键盘方向键仔细地移动到中央；

单击时间轴上方，编辑栏中的"场景1"按钮 场景1，回到主场景工作区；单击"文件"菜单中的"保存"命令，在弹出的对话框中找到自己的文件夹(如果没有，就先新建一个)，用"欢迎"为文件名，保存文件到自己的文件夹中；

检查一下做得是否正确，发现错误按Ctrl+Z组合键撤销，按住Ctrl键不松，然后再按Z键，可以多按几次，休息下眼睛继续；

(3) 制作下落动画

绘制图形：在窗口右边的侧栏里头看一下，我们刚才做的元件都在库中，有两个，"欢迎"和"您好"。

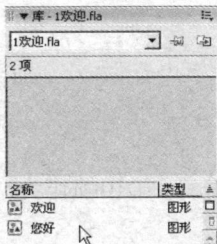

选择箭头工具 ，单击选中"您好"，先把它拖到工作区里，再把它移到工作区外面的正上方，文字这时在黑色上面的灰色里；

插关键帧：在时间轴的第10帧上，单击鼠标右键，选择"插入关键帧"命令 (关键帧是动画的起点或者终点)；用"箭头"工具，将第10帧中的工作区上方的文字拖入工作区的中间，这样从第1帧的"您好"落到了第10帧的中间，文字的位置发生了变化；

创建动画动作：在第1帧上单击鼠标右键，选择"创建补间动画"命令，在第1帧到第10帧之间出现一个蓝色箭头，动画创建成功，保存一下文件；第一个动画已经完成，现在检查一下，在时间轴上点一下第1帧，这样就把红色的时间指针移到了第1帧，按一下回车键播放动画，看一下效果。

检查一下做得是否正确，发现错误按Ctrl+Z组合键撤销，按住Ctrl键不松，然后再按Z键，可以多按几次，休息下眼睛继续；

　　(4) 制作横向动画

　　分析一下：文字"欢迎进入Flash世界"是从工作区左边进入，到右边消失，然后从右边返回到工作区中央旋转，细心的人一定能发现，这个动画是由两部分组成，一个是从左到右，一个是再从右边回来；

　　新增一个图层，点击第一个"+"号按钮，新建一个图层2，电脑自动产生10帧空白帧，要把它们都删掉，方法是点一下"图层2"，就会选中所有空白帧，然后在右边选中的帧上单击右键选"删除帧"命令；

　　先在旁边空白帧上点一下取消选择，然后再在第5帧上单击鼠标右键，选择"插入关键帧"命令，这一帧作为起始关键帧；

　　在"库"面板中将"欢迎进入Flash世界"拖到工作区外左边，从第5帧开始是为了跟第一个动画错开，创造出丰富的动画效果；

　　在图层2的第10帧处单击鼠标右键，选择"插入关键帧"命令，第10帧作为动画的一个终点，将"欢迎进入Flash世界"拖到工作区右边的外面。

　　这样文字从左边跑到右边，动画的原理就是用几幅图画来表现物体的运动和变化，在第5帧上单击鼠标右键，选择"创建补间动画"命令，出来一条蓝色箭头，单击"文件"菜单中的"保存"命令，保存一下文件；按回车键播放动画，看一下效果。

　　创建返回的动画，找到图层2的第15帧，在第15帧上单击右键选择"插入关键帧"命令，插入一个关键帧；

　　用箭头工具选中"欢迎进入Flash世界"文字，把它拖回到工作区中央，这样到第15帧，文字又回到了工作区；

　　在图层2的第10帧上单击鼠标右键，选择"创建补间动画"命令，单击"文件"菜单中的"保存"命令，保存一下文件；

　　按回车键播放一下文件，"您好"忽然没了，原来是帧数不够15帧，选中图层1的第15帧，单击鼠标右键，选择"插入帧"命令，因为这时的"您好"没有动画，只是为了跟"欢迎"对齐；

发现错误按Ctrl+Z组合键撤销，按住Ctrl键不松，然后再按Z键。

(5) 旋转动画

在图层2的第25帧上点右键，选择"插入关键帧"命令，准备做旋转动画，找到下边的属性面板；

单击选中图层2的第15帧，然后在下面的"属性"面板中，按照从上到下的顺序，在"补间"里点一下鼠标左键，选择"动画"，在"旋转"旁的按钮上单击，选择"顺时针"，在"次"里输入1，让动画旋转一圈，

再在图层1的第25帧上单击鼠标右键，选择"插入帧"命令，把图层1加长到25帧单击"文件"菜单中的"保存"命令，保存一下文件，这样我们就创建好了一个旋转动画；现在已经完成了动画的制作，按Ctrl+回车键测试一下动画的效果，欣赏完关闭返回，将"图层1"改为"您好"，"图层2"改为"欢迎"，保存一下，再测试一下。

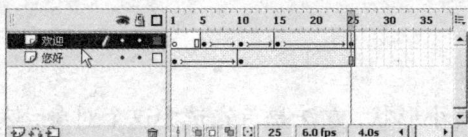

2.绘制对象

Flash中的图形一般都是矢量图形，每个对象都有自己的属性，像直线就有颜色、线型、粗细等属性，可以在"属性"面板中修改；现在创建简单的图形，最基本的对象当然是直线对象，启动Flash，新建一个文档，先在手形工具上双击一下，调整好工作区大小；在工具箱中单击选中直线工具，在下边的属性面板中，按照从左到右的顺序，选择直线的颜色为红色，选择粗细改为3，"实线"不变；

然后将鼠标移到工作区，当鼠标指针变成十字型时，按住左键拖动到直线终点，松开左键，就可以创建出一条直线，按住Shift键，可以画出笔直的线条，试着画出两条直线来；再在第2帧插入一个空白关键帧，用直线工具绘出一个大的红色的"米"来；

单击"文件"菜单中的"保存"命令以"图形对象"为文件名保存文件到自己的文件夹；绘制矩形工具的方法和绘制直线的方法类似，再插入一个空白关键帧，单击矩形工具，在属性面板中选择绿色边框色（旁边有个铅笔的颜料盒）和红色填充色（旁边有个油漆桶的颜料色），粗细设为2，实线不变；

205

在工作区中绘制一个矩形；再将边框线样式设为虚线，粗细设为5，绘制一个矩形，如果选中工具后属性面板没有显示，就用鼠标在工作区中单击一下，激活工具属性，用"保存"命令保存一下文件；使用同样的方法，在下一帧插入一个空白关键帧，用椭圆工具在工作区中绘制一个黄边椭圆和正圆（绘制正圆要按住Shift键），用"保存"命令保存一下文件。

怎样绘制普通的曲线？使用铅笔工具，在下面的选项面板中单击按钮选择一种铅笔模式就可以随意绘画了，再插入一个空白关键帧，用铅笔工具下面的选项中的三种模式（"伸直"、"平滑"、"墨水"），分别在工作区中用铅笔工具写出绿色、粗细为1、实线的"美丽的校园"，比一下它们的不同之处，用"保存"命令保存一下文件，按Ctrl+回车键，测试一下动画效果（在下面的动画上单击右键，点一下"播放"，把勾去掉就可以停止动画）。

3.缩放动画

在编辑图形时，经常会调整图形的大小形状，方法是首先选中这个对象，然后选择"任意变形工具" ，此时选中的对象周围会出现八个控制点小黑块，沿着控制点的方向拖动小块，即可缩放对象 ；也可以先选中"任意变形工具"，然后用它去选择对象，像选择工具一样，可以点选或框选；旋转操作和缩放对象基本上差不多，鼠标移到四个角的控制点外面时，会出现一个弧线箭头，顺着箭头的方向拖动就可以旋转，旋转时要绕着中心移动（中心也可以拖到一边去）；选择文字工具 A ，再在下边的"属性"面板中，设定华文行楷、大小36、红色；

在工作区中点一下鼠标左键，在出来的文本框中输入"美丽"；再选择箭头工具，按住Ctrl键用箭头工具拖动文字对象，就可以复制文字，我们一共复制8个来；其中四个用任意变形工具 ，拖动控制点分别缩成瘦长形的、扁形的、放大的和缩小一倍的图形；另外四个用旋转的方向（在四个角控制点外面一点），分别旋转90度、180度，以及倾斜（在边线上，变成双线时拖动）左、右45度，用"缩放对象"为文件名，保存文件到自己的文件夹中，按Ctrl+回车键（按住Ctrl不松再敲一下回车键）测试影片，看一下效果，欣赏完关闭返回；精确的变形要在变形面板中完成，可以用数字来确定，方法是，先选择一个对象，再使用"窗口"菜单中的"变形"面板（Ctrl+T），这时右边会出来一个变形面板：

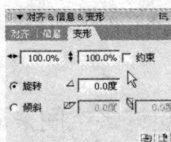

看一下面板上的各个选项，两个双箭头 ↔|100.0%| ↕|100.0%| 表示横向和纵向的放大倍数，默认100%保持原样不放大，下面的旋转和倾斜选项，对应自由变换工具的两个操作，右下角有两个按钮 🔲🔲，第一个是"复制并应用变形" 🔲，单击就可以按设定复制出一个对象，第二个是"重置"按钮 🔲，可以让变形的对象恢复原样；

选择文本工具 **A**，在工作区中写上红色24号"千山万水"，选择箭头工具，按住Ctrl键拖一个放在旁边，选中第一个文字对象，在"变形"面板中，找到旋转，输入度数90后按回车键确定，看一下效果。

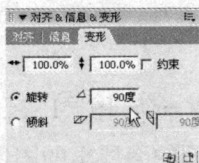

再选中第二个文字对象，在"旋转"中输入90后单击第一个"复制并应用转换"按钮 🔲，比一下跟回车的不同效果，再单击一下第二个"重置"复位按钮 🔲恢复原状，再输入45连续单击三次"复制并应用"按钮，看一下对象的排列情况，保存一下文件；更改旋转中心一般旋转是绕着中心的，有时想改变对象的旋转中心点，就在选中对象后，选择"任意变形工具" 🔲，对象中心会有一个小圈，用箭头工具拖动小圈就可以改变中心的位置。

4.编辑文字

文字输入好后，会形成一个文字框，你可以使用任意变形工具🔲来旋转、倾斜和缩放、填充颜色和变形文字。

要旋转文字，首先选择"任意变形工具" 🔲，然后在文字上点一下，选中文字，把鼠标指针移到控制点外侧，指针变成弧线 ↻ 时，可以旋转文本框，变成双线 ⇌ 时可以倾斜文字。

要缩放文字，使用任意变形工具🔲，选中文本框，此时文本框周围出现八个方形控制点，将鼠标顺着箭头方向拖动文字框上的控制点，就可以自由地缩放文字了。

如果要给文字添上渐变色，就要先打散文字对象，使用"分离"(Ctrl+B)命令将文字打散开，然后选择油漆桶工具 🪣，在属性面板中选择填充色🎨 ▢中最底下一排的渐变色，即可给文字填上渐变色，打散以后还可以修改某一个文字的大小。

5.显示和隐藏时间轴

第二十八种 Flash8.0基础入门教程

Flash是一个动画制作软件,因此要学习Flash就必须从时间轴面板入手,时间轴面板在菜单栏的下方,是用来管理图层和处理帧的。

时间轴面板可以在"时间轴"标题上单击隐藏,这样可以腾出许多空间来显示工作区。

时间轴面板的上方是编辑栏,有场景名称,一般是"场景1",还有两个按钮和显示比例。

时间轴面板分为三部分,左边是图层面板,右边是时间轴,下边是一个状态栏。

时间轴左边的图层面板显示了当前场景的图层数,默认是一个"图层1",随着动画的制作,可以接着添加和修改图层的名称和位置,注意:上面的图层里的图像会挡住下面一层的。

时间轴由许多的小格组成,每一格代表一个帧,每个帧可以存放一幅图片,许多帧图片连续播放,就是一个动画影片。

时间轴下边的状态栏有几个数字,表示当前是第几帧,速度一般是12.0,时间长度几秒(S),在12.0 fps那儿双击可以弹出"文档属性"面板。

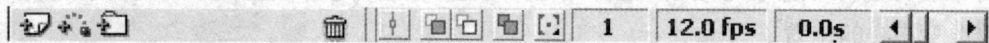

下面看一下状态栏中的五个按钮,第一个"帧居中" 可以让选中的这个图层显示在时间轴面板的中间位置,在多个图层时很有用。

第二个是"绘图纸外观" ,可以让工作区中显示几个帧的图像,产生一个洋葱皮效果,这时在帧的上方有一个大括号一样的效果范围 ,括号两头可以拖动,控制显示几个帧的图像。

第三个是"绘图纸轮廓" ,只显示出图形的边框来,没有填充色,因而显示速度要快一些。

第四个是"编辑多个帧" ,可以同时编辑两个以上的关键帧,这样在检查动画的两个关键帧时,就非常方便。

第五个是"修改标记" ,可以设置大括号的范围,跟拖动大括号的意思一样,调节洋葱皮的数量和显示帧的标记,默认2个绘图纸,括号里有两帧。

6.编辑对象

动画是由一格一格的"帧"所组成，在时间轴中你可以对照帧上方时间标尺来了解每一帧的位置，标尺上有一个红色帧指针，用于显示当前所显示帧的位置，而在时间轴状态栏中也会显示当前帧的编号。

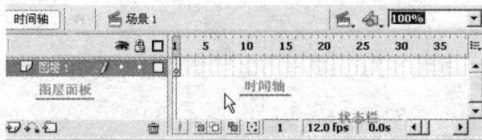

播放动画时，帧指针会沿着时间标尺由左向右移动，以指示当前所播放的帧，在编辑动画时，你也可以拖动帧指针到预定的位置。

在时间轴的标尺最右上角有一个帧显示按钮，单击它会显示下拉菜单，你可以选取五个与帧显示有关的命令，默认是"标准"，要使帧的高度缩短，在下拉菜单中选择"很小"，要改变帧的播放速度，可以双击帧面板状态栏中的"12.0"激活影片文档属性对话框，也可以在工作区中单击鼠标，在下面的属性面板中修改，将默认的12.0改为其他数值。

下面我们来做练习：我们要制作出一个扫描的雷达来，注意细致和耐心，所有面板都可以在"窗口"菜单里找到。

在"视图"菜单里的"网格"菜单中选择"显示网格"，再选择"视图－贴紧"中的"贴紧至网格"命令。

雷达由表盘、指针和文字三部分组成，先制作表盘，选择"插入"菜单中的"新建元件"，以"表盘"为名的图形元件。

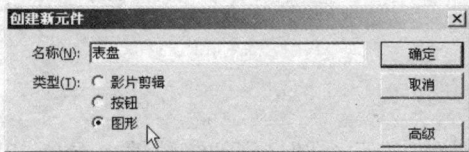

表盘由圆环和刻度组成（看上图），选择椭圆工具，绘制一个边框为绿色的，填充色选无色的正圆。

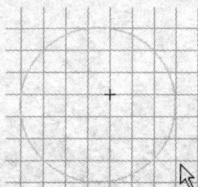

选择箭头工具，在圆上双击，选中整个圆，选择"窗口"菜单，找到"信息"命令（Ctrl+I），在右边侧边栏中显示信息面板组，将宽和高改为144，输入数字后按一下回车键确定。

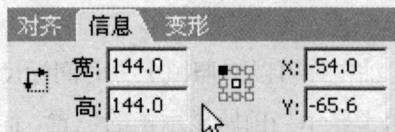

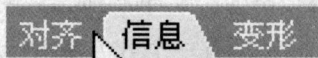

再点击面板"信息"名称左边的"对齐"标签打开对齐面板(Ctrl+K),先单击按下右边的"相对于舞台"按钮 □,

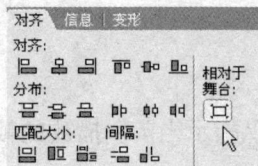

再在"对齐"第一排里,单击第二个"水平中齐" 吕 和倒数第二个"垂直中齐" 吶 两项,使图形位于工作区的十字正中央。

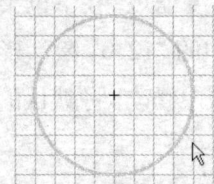

同样在旁边再绘一个绿圆,删去内部填充色,选中后在信息面板中把宽和高改为134,输入数字后按回车键确认。

再在对齐面板中选择第一排"水平中齐" 吕 和"垂直中齐" 吶,让这个圆套进大圆中,形成一个均匀的圆环。

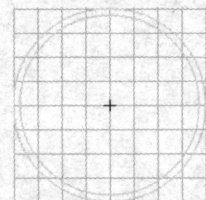

选择油漆桶工具 ◐,将填充色设为绿色,给两个圆之间的缝隙填上绿色,以"雷达"为文件名,保存文件到自己的文件夹。

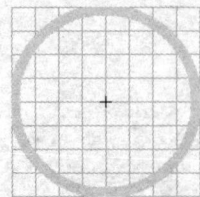

下面再绘制刻度部分,先用箭头工具在空白处单击一下取消所有选择,再选择直线工具,打开属性面板将线粗细改为2.75,在圆旁边画一条水平直线,选中这条线,打开信息面板,将宽设为140,再在对齐面板中单击第一排"水平中齐"和"垂直居中分

布"将这条线对齐到圆的中央对齐成一条水平直径 (注意 "相对于舞台" 按钮 [□] 要按下)。

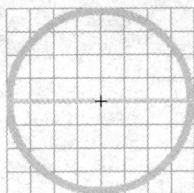

再点击 "信息" 标签旁边的变形面板 (Ctrl+T), 在 "旋转" 中输入10, 单击右下角 "复制并应用转换" 按钮 [⧉], 一直到整个圆被平均分成36等份, 这时的图形有点儿像一个车轮, 框选整个车轮组合一下 (Ctrl+G), 我们要把车轮中间挖去, 留下刻度线就可以了, 保存一下文件。

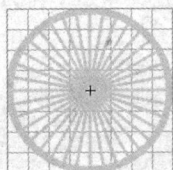

挖的方法是使用分散对象之间的 "啃", 在车轮左边画一个边框色为无色, 填充色为绿色的圆, 选中圆, 在信息面板中将大小设为120, 选中绿圆按Ctrl+G组合一下, 打开 "对齐" 面板, 检查按下了 "相对于舞台" 按钮 [□], 再单击第二个 "水平中齐" [品] 和 "垂直中齐" [ᆘ], 将绿圆部分对齐到车轮中。

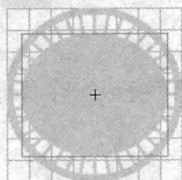

先选中大车轮, 用 "修改" 菜单里的分离 (Ctrl+B) 命令, 将车轮分解打散, 再选中里头的圆, 用 "修改－分离" 命令, 也将它打散, 按一下删除键将里面的圆删去, 就挖去了中间部分, 留下一个刻度盘。

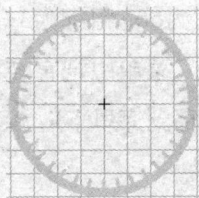

再在旁边绘制一个大小为36的无边框小绿圆, 用对齐面板对齐到中心部分, 用箭

头工具 [图标] 框选中所有图形，组合一下，保存一下文件，表盘我们就做好了。

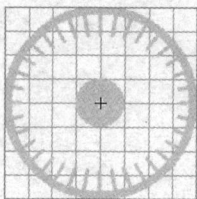

下面再做一个指针，选择"插入"菜单中的"新建元件"命令，以"指针"为名建立一个图形元件，在场景中绘制一个填充色为黑色的圆，在信息面板中将大小设为134，删去外边框，选中圆，打开"对齐"面板（Ctrl+K），先检查按下了"相对于"按钮 [图标]，再单击"水平中齐"和"垂直中齐"，使黑圆位于十字的中央。

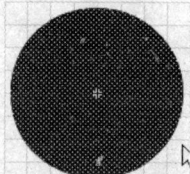

用箭头工具 [图标] 框选黑圆的四分之一，把这四分之一拖到旁边，并用油漆桶工具给它添上黑色渐变色，要求黑色在左边，白色在右边（用油漆桶从右向左拉一条直线）。

选择"修改"菜单中的"转换成元件"，以"四分之一"为名，转换成一个图形元件，然后按Delete键删掉它。

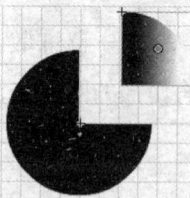

贴着剩下的四分之三圆中的缺口的水平部分，绘制一条宽度为66，粗细为3（在下边的"属性"面板中设定）的绿直线边，同样选中它，并在"修改"菜单中把它转换成一个以"直线"为名的图形组件，然后删掉直线（不用担心，都保存到库里了），保存一下文件。

在"窗口"菜单中打开"库"面板，选择箭头工具 [图标]，先把四分之一再拖回到圆当中,用键盘方向键慢慢移动对好,可以用放大镜放大一些,把侧边栏折叠起来,以便腾出一些地方来。

选中四分之一,在下边的"属性"面板中,单击右边"颜色"旁边的"没有",选中"Alpha",将它改为60%,产生一个半透明效果来。

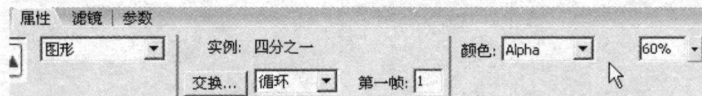

再展开侧边栏,找到库面板(Ctrl+L),再把直线拖到四分之一的下边对好位置,框选中所有图形组合为一个对象,这样一个指针元件就做好了,保存一下文件。

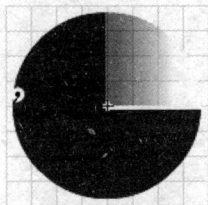

这时我们的所有组件都制作好了,单击"场景1"返回到场景中,下面我们要开始组合它们;先拖一个表盘到场景中,用对齐面板对齐到中央,将这一图层命名为表盘层,点一下小锁下面的白圆点锁定图层。

再新增一个图层重命名为"指针层",把指针组件拖一个到表盘的上面,也对齐到中央,应该恰好挡住四方之三的表盘刻度。

然后在第20帧处插入关键帧,再在第一帧处创建补间动画,打开属性面板,将"旋转"调为"顺时针",次数为1,让指针顺时针旋转,将表盘层也加长到20帧(用"插入帧"命令),保存一下文件。

按Ctrl+回车键测试影片,看一下效果,有一点意思,但还不太像,关闭返回到场景中。

双击时间轴上的"12.0"打开影片属性,将背景颜色改为黑色,将帧频改为24,单击确定,保存一下文件,现在再测试一下影片,一个雷达就展现在你的眼前了。

第七篇　现代教育技术环境

第二十九种　电子阅览室

电子阅览室简介 ⁄

　　随着计算机、多媒体、现代通信等技术的迅猛发展,计算机网络正以强大的生命力、巨大的信息提供及无可比拟的检索能力而风靡全球,人类的信息文明时代已经来临,今天的图书馆正面临着从自动化图书馆向数字化图书馆迈进的选择。

　　数字图书馆是现代图书馆发展的未来,而电子阅览室被认为是数字图书馆的雏形。电子阅览室不仅将图书馆向读者提供的文献由印刷型改变成数字化,更重要的是它借助于日新月异的Internet网络技术、多媒体技术、现代通信等技术,将可利用的信息资源由各个终端飞速扩展到全球;并且它开拓了更为广阔的服务领域,革新了传统图书馆的服务手段、服务特点和服务宗旨。

　　顺应时代和技术发展的要求,图书馆电子阅览室建设已经成为大势所趋。图书馆电子阅览室为读者提供丰富的多媒体光盘资源和因特网资源,提供了一个深入学习信息技术的重要场地。电子阅览室已成为学生喜爱、教师常来的学校重要教育、教学基地。

电子阅览室的功能 ⁄

　　图书馆电子阅览室是学校电子文献查询和保存中心。电子阅览室应实现以下功能:

　　1.公共检索和电子文献阅览。主要完成馆藏信息检索、新书通报浏览、光盘数据库和硬盘数据库中的电子文献阅览。

　　2.通过Internet网上浏览,可以获取所需的信息和资料;可以获取互联网上能提供的主要信息资源。

3.通过电子阅览室的服务器及各种教学软件对校园网上的用户提供信息服务,也可以在校园网上对用户提供电子文献资源的检索、浏览。

4.多媒体电子出版物阅览。可以阅读各种电子出版物,如电子图书、专著、百科全书、期刊、报纸,可以点播视听资料。

5.对用户具有权限控制、安全监控、计费统计等管理功能。具有对电子文献的收集、编目、制作、管理和保存等功能。

电子阅览室的组成

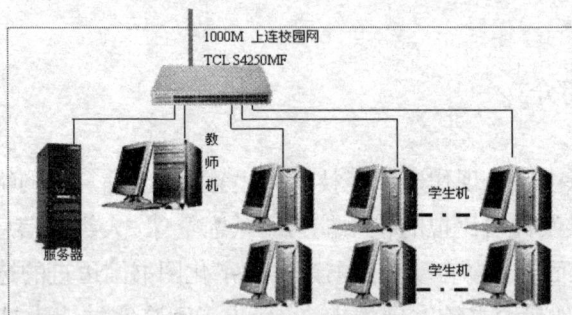

电子阅览室实物连接示意图

电子阅览室是校园网中的一个子网,其基本组成如图所示。电子阅览室每张电脑桌占地1.5平方米,椅子占地0.5平方米,每排电脑之间需要留出行走过道1米。预计电子阅览室100台电脑最少需要350平方米。为达到无烟无尘、防潮防热,提高服务器机组工作效率,提高每台电脑使用寿命,服务器机组需要加装玻璃隔断,并在电子阅览室内加装空调等设备。

电子阅览室的基本配置:

1.硬件方面

(1)使用当前主流电脑以及服务器配置,能够运行目前多种较大应用程序。

(2)加载多孔交换机,电子阅览室所有人同时使用时,不会造成网络堵塞、某些网络出现故障。

(3)需要稳压器以及UPS蓄电池,保证电脑不会因为电路的问题出现故障、服务器不会常开关。

(4)需要高速以太网,能够在网上迅速查找到所需资源。

2.软件方面

(1)使用当前主流操作系统,系统不会轻易崩溃。

(2)安装目前学习中所需的基本应用程序,方便上机读者使用。

(3)安装电脑还原工具,保证电脑随时能正常工作。

(4)服务器端安装杀毒软件等防毒程序。

第三十种 数字化校园

数字化校园是以数字化信息和网络为基础,在计算机和网络技术上建立起来的对教学、科研、管理、技术服务、生活服务等校园信息的收集、处理、整合、存储、传输和应用,使数字资源得到充分优化利用的一种虚拟教育环境。通过实现从环境(包括设备,教室等)、资源(如图书、讲义、课件等)到应用(包括教、学、管理、服务、办公等)的全部数字化,在传统校园基础上构建一个数字空间,以拓展现实校园的时间和空间维度,提升传统校园的运行效率,扩展传统校园的业务功能,最终实现教育过程的全面信息化,从而达到提高管理水平和效率的目的。

建设背景

(一) 适用数字化校园硬件信息化要求标准

1.校园网基础建设

外部网络状况:采用千兆光纤连接互联网,及加入国家教育城域网;

校内情况:校内网络全部采用百兆到桌面方式;

学生寝室:宿舍网络全部采用百兆到桌面方式。

2.校园网信息安全

要求建立硬件,软件防火墙,确保校园网络安全。

3.应用服务器

学校办公OA服务器以及教育管理软件服务器和数据库服务器进行分离,使用数据库集群技术,以提高软件整体性能。

4.数据存储系统

建立专门的存储服务器。

5.资源、数据库支撑

支持MYSQL数据库，同时也可以把MS SERVER，，ORACLE里面的数据同步到主数据库里面。

（二）用户类型

数字化校园的使用人员涉及了全校所有人员，包括教师、学生、行政工作人员、外部用户。按其使用系统的角色可以分为如下几类：

第一类：行政工作人员。他们熟悉办公、日常业务管理等项业务，能够使用常用应用软件处理公文和上网，但对计算机的应用缺乏深入了解，能够利用图形界面完成简单的计算机操作；

第二类：教师。他们熟悉日常教学和科研工作的管理业务，能够使用常用应用软件公文处理；

第三类：信息中心部分计算机专业技术人员。能完成系统维护、管理等工作；

第四类：学生。应用计算机的程度相差比较大，基本掌握上网、收发电子邮件、使用及时通讯软件等功能；

第五类：内部临时用户。

（三）建设规划

建成完整统一、技术先进，覆盖全面、应用深入、高效稳定、安全可靠的数字化校园，消除信息孤岛和应用孤岛，建立校级统一信息系统，实现部门间流程通畅，可平稳过渡到新一代技术，对校园的各项服务管理工作和广大教职工提供无所不在的一站式服务。提高工作效率，提高管理效率，提高决策效率，提高信息利用率，提高核心竞争力，总体水平达到国内一流，满足教学、科研和管理工作的需要。具体目标就是实现"六个数字化"和"一站式服务"：

环境数字化：构建结构合理、使用方便、高速稳定、安全保密的基础网络。在此基础上，建立高标准的共享数据中心和统一身份认证及授权中心，统一门户平台以及集成应用软件平台，为实现更科学合理的学校数字化环境打下坚实的基础。

管理数字化：构建覆盖全校工作流程的、协同的管理信息体系，通过管理信息的同步与共享，畅通学校的信息流，实现管理的科学化、自动化、精细化，突出以人为本的理念，提高管理效率，降低管理成本。

教学数字化：构建囊括全日制教育、继续教育和成人培训等在内的综合教学管理的数字化环境，科学统一地配置教学资源，提高教师、教室、实训室等教学资源的利用率，改革教学模式、手段与方法，丰富教学资源，提高教学效率与质量。

产学研数字化：构建数字化产学研信息平台，为产学研工作者提供快捷、全面、权威的信息资源,实现教学、科研和实训一体化,提供开放、协同、高效的数字化产学研环境,促进知识的产生、传播与管理。

学习数字化:构建先进实用的网络教学平台,整合、丰富数字化教学资源,创造主动式、协同式、研究式的数字化学习环境,建立师生互动的新型教学模式。

生活数字化:构建便捷、高效、高雅、健康的数字化生活环境和电子商务服务平台,利用一卡通系统,实现校内主要消费流通、学生入学缴费、身份认证及门禁管理等。

一站式服务:实现教职工和学生的管理、教学、科研、学习、生活等主要活动的一站式服务,提高对师生服务的水平,提高对社会的服务能力。

(四)建设原则

先进性和成熟性;开放性和标准化;可靠性和稳定性;可扩展性及易升级性;安全性和保密性;可管理性和可维护性;实用性和可行性。

系统总体设计 /

1.系统总体架构

数字化校园建设项目将为学生和教职员工提供一个集成、公共、使用方便的服务平台。将采用先进的信息应用门户架构,根据被授予的权限,不同的用户可以通过统一的门户入口,获取信息、办理相关业务。系统架构由上至下分为门户层、业务层、应用组件层、公共组件层和基础技术层。

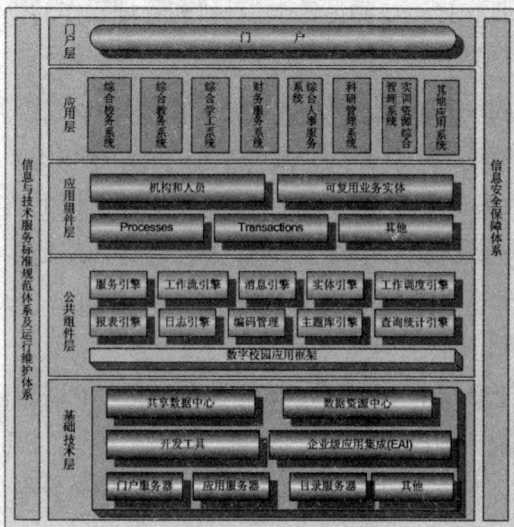

2 系统总体技术目标

系统要符合高可靠性、高可用性、高可扩展性等目标，至少支持500人/秒的并发访问，并且能适应未来2000用户的使用目标。系统具备快速的响应时间，在主流的操作系统、主流的PC机配置和PC带宽100M、网络性能稳定的环境下，系统响应时间要达到如下指标：普通页面不超过0.2秒；涉及数据操作的不超过0.5秒；涉及组合条件查询、统计、分析决策的不超过2秒。

3.共享数据中心

建设具有统一的数据平台、统一的数据接口、统一的数据通道、统一的数据管理，统一的数据交换的共享数据中心，为各种数据的访问、交换、后继开发使用提供一个统一的支撑环境，解决数据孤岛问题。学校各个职能部门与其他相关部门之间的数据交换通过共享数据中心统一实现；共享数据中心的架构设计需要为纵向沟通国家教育部、省市教委等学校上级管理单位的相关数据库系统的对接预留可灵活伸缩的空间；集中学校各业务部门的业务数据，并进行统一的数据安全控制和异地备份。共享数据中心具有划分、确定和建立面向业务的主题数据库的功能，提供功能强大的元数据管理功能。

4.统一身份认证及授权中心

统一身份认证及授权中心作为数字化校园的安全认证及授权中心，应提供一系列全面的认证、授权控制和管理工具，对数据的访问和使用进行全方位多层次的许可、控制和管理，并保护数据拥有者和使用者的数据安全。对于数据库中的同一数据不同用户，根据其拥有的权限集的不同定义对该数据对象的操作能力，包括创建、增加、修改元数据的索引属性，创建、增加、修改数据对象以及对数据注释信息进行操作等功能，从而实现对数据的安全保护。

5.统一门户平台

统一控制用户对信息和应用系统的访问，为用户提供一个单一的访问入口，提供基于WEB统一认证功能，实现跨系统的单点登录（SSO），统一门户平台，将原本在校园网内分散异构的应用系统整合起来，将信息和功能在同一个界面上展示给用户并提供个性化访问界面定制。平台具有可伸缩体系结构，支持各种开放性的标准和规范，能够方便地挂接与现有系统集成的应用系统组件。

6.系统安全保障

系统必须建立全方位、多层次的安全保障体系，对数据的访问和使用进行安全许可、控制和管理，达到保护数据安全的目的。

包括统一身份认证；访问控制；安全审计；数据安全性；安全标准。

1.电子校务办公系统

综合校务系统应为学校建立起一种安全、可靠、易用的办公环境，为学校各级管理层、行政工作人员、教师等提供一个科学、先进、网络化、高效的信息化协同办公平台，为学校内部管理和外部交流提供安全、快速、高效信息传递及处理渠道。利用科学的管理方法，借助于计算机网络技术，减少或避免各种传统办公方式易于出现差错的弊病，改进学校办公质量，提高管理和决策的水平，系统应能够具有学校现有办公系统的全部功能，在此基础上加强工作流程应用，使各类有关审批流程的工作在综合电子校务系统上实现。系统应提供完备和开放的开发接口，与上级相关部门实现文件传送与接收。系统与数字校园中的其他系统相配合，共同实现统一的信息管理。

具体功能至少应包括：公文管理，信息发布管理（公告通知、校领导报告、调研报告、网上刊物、办事指南），投票管理，消息管理，校长信箱，档案管理，文档管理，接待安排管理，会议管理，车辆管理，值班管理，休假出差管理，用章管理，外事管理，个人办公，讨论交流，移动办公，督查督办，数据查询与统计（由相关系统提供）。

2.教务系统

教务系统是建设教学管理的数字化环境，可科学统一地配置教学资源，提高教师、教室、实训室等教学资源的利用率，改革教学模式、手段与方法，丰富教学资源，提高教学效率与质量。该综合系统包含了教学过程管理的所有功能部件，包含招生管理、学籍管理、排课管理、教学计划管理、选课管理、考试管理、成绩管理、师资管理、教学建设管理、教学评价和教材管理等诸多功能模块，从而形成一体化综合化的教务信息管理系统。该系统应该与学校的综合人事系统、财务管理系统、综合学工系统、实训资源综合信息管理系统、综合科研系统、网络学习系统、精品课程、校园一卡通系统、资源中心和数字图书馆等系统协同工作和数据共享，能实现业务的无缝对接和数据的自由流动，具有良好的可扩展性和二次开发功能，该系统应提供高效的事务科理机制和信息管理模式，为学校的教务管理工作提供直观科学的评价数据，最终实现综合信息统计和历史数据分析功能，为提高教务工作效率和推进学校教学改革提供重要的参考依据和决策辅助。

3.学生管理系统

学生管理系统是建设一个架构先进、简单实用、安全稳定、维护便捷的基于数字化校园的学生管理信息系统，梳理并优化学生管理工作流程，为相关职能部门和个人提供实时数据的查询与分析功能，实现学生系统与学校其他系统的联动，提高学生管理工作的效率和管理水平。

学生管理系统管理学生在校期间除了课堂学习外的几乎所有事务,涉及部门非常广泛,包括学生科、团委、就业办、专业科、学生会、教务科、保卫科、心理咨询中心等等,每个部门都分管一块学生工作,缺乏工作协同,因此需要将分散的学生管理工作统一考虑,不仅仅从单个部门的工作上考虑,而应该涵盖学生从招生进校、在校生活到毕业离校的整个过程,按照业务流、数据流打通各个管理部门之间的壁垒,实现协同工作。

学生管理系统面向学生科、思政教师、班主任和全体学生,包括系统维护、思想教育管理、评奖评优管理、共青团工作管理、学生资助管理、勤工助学管理、心理健康管理、军训管理、违纪处分管理、就业管理、其他数据管理、日常事务管理、公寓管理、班主任管理、班级管理、毕业生离校、校友管理等子系统。系统支持学生工作管理部门、工作人员和全校学生通过网络发送和接收有关信息,开展在线的业务处理,支持按权限管理的各种申请、查询和统计报表的输出打印功能。

学生管理系统应在数字化校园统一数据平台的基础上,与其他系统实现数据充分共享,为其他系统的接入开放数据接口。尤其是实现综合学工系统与一卡通系统之间的数据交换和业务互动。与综合教务系统、财务服务系统、后勤服务系统等相关系统联动,实现入学前、入学、在校期间、毕业以后的一条龙管理。

4.人事服务系统

人事科需要建立一套完整的、协助处理全科业务工作的管理信息系统来满足各项业务处理的需要,着重实现数据共享、数据自动流转、数据及时更新、数据同一口径、数据统计,从而减轻工作量,提供工作效率,将精力更多地集中在分析、协调和主动服务上。

具体来说,人事管理信息系统需要覆盖全校教职工入校、在校、离校管理。其中入校管理主要包括人才网上招聘、人才引进管理、编制职工号、人员信息采集及维护管理、试用期/转正管理;在校管理主要包括校内信息维护、校内调动管理、职务变动、岗位聘任、人事考核管理、职称评定管理、工资管理、师资业务管理、合同管理,系统要能够实现对教职工在校期间的各项事务进行管理,并保留教职工在校期间所有的历史性数据;人员离校主要包括离退休管理、返聘、延退管理、离退休工资管理等。要求系统能够实现与市人事局系统的对接。

通过综合人事服务系统,可以构建学校的教职工信息库,作为学校教职工基础数据的来源,需要为其他系统提供权威、及时的人员信息;协助规范人事管理的工作流程,支持贯彻人事管理政策,实现在线业务处理;为人事科工作人员、各相关职能部门工作人员、各部门领导、学校领导等提供统一的网上服务平台;实现各部门间有效的

信息共享和协同工作,从而提高人事管理部门的工作效率;实现信息动态自定义查询统计,为领导决策做辅助支持;实现各种表格的自定义,满足表格中数据自动生成的需求。

5.财务服务系统

财务科需要建立一套完整的、协助处理全科业务工作的管理信息系统来满足各项业务处理的需要,着重实现数据共享、数据自动流转、数据及时更新、数据同一口径、数据统计及分析,从而减轻工作量,提供工作效率,将精力更多地集中在财务分析、评价和主动服务上。财务数据要具备高度的安全性和保密性。

6.后勤服务系统

综合后勤服务系统总体目标是要建设一个架构先进、简单实用、安全稳定、维护便捷的基于数字化校园的后勤管理信息服务系统,梳理并优化后勤管理工作流程,提高后勤工作的效率和管理水平,保障服务质量。